MANUAL DEL TESISTA

Roman Pairumani A.

MANUAL DEL TESISTA

Autor:
Román Pairumani Ajacopa

Correo electrónico:
romanpai@hotmail.com
Celular:
Cel. 73256014

Depósito Legal: 4-1-2532-2021
ISBN: 978-9917-0-0932-0

1ra Edición, mayo 2021

Tiraje 500 ejemplares

La Paz, Bolivia

DEDICATORIA

A mis hijas Samanta y Zhoemi.

A mi compañera de vida Alejandra.

A todos mis seres queridos.

CONTENIDO

SEGUNDA PARTE

PARTE PRELIMINAR DE LA TESIS

CUARTA PARTE

REFERENCIAS DE UNA TESIS

PRESENTACIÓN

Una de las principales dificultades y retos de los egresados y estudiantes de pre y posgrado, es la elaboración y sustentación de la tesis. La elaboración de la tesis, puede ser un proceso muy tedioso, complejo e incomprensible, o simplemente, los estudiantes tienen ciertos mitos respecto a la elaboración de tesis, que les impide desarrollar y concluir el mismo.

La tesis se constituye en un requisito para la obtención de algún grado académico en pre y posgrado, por lo que, su elaboración es una tarea ardua que deben cumplir los egresados para su titulación.

Generalmente, la tesis se procastina por falta de conocimientos metodológicos para la elaboración, por lo que, es necesario contar con una manual o tutor que pueda guiar todo el proceso de desarrollo de la tesis. Muchas veces, los manuales que existen son muy generales o teóricos, por lo que, presentamos este manual, que le llevará de la mano en todo el proceso de elaboración de su tesis.

Este texto no es un libro de metodología, más al contrario, es un manual o guía de consulta que le permitirá elaborar su tesis, para lo cual, presentamos de forma clara y concreta todo el proceso de elaboración de la tesis, desde la idea inicial, hasta la conclusión de la tesis, además, de ejemplos, de cada uno de los apartados, que lo guiarán hasta la consecución de su tesis.

Por otro lado, aclaro que este texto es referencial o de consulta, no responde a ninguna institución, por lo que, puede variar el orden y contenido de algunos apartados presentados en este texto, los cambios pueden ser acuerdo a los requerimientos de cada institución.

Roman Pairumani Ajacopa
AUTOR

PRIMERA PARTE

INTRODUCIENDO A UNA TESIS

UNIDAD 1: ASPECTOS GENERALES DE UNA TESIS

1.1. ¿Qué es una tesis?

A menudo nos preguntamos ¿qué es una tesis? Sin dudarlo, como respuesta lo relacionamos de forma directa con un trabajo de investigación, el mismo permite obtener algún grado académico, ya sea a nivel pre o posgrado. Esto es la definición inicial que todos tenemos a la hora de realizar una tesis, sin embargo, no se está comprendiendo la esencia misma de una tesis. Si bien una de las finalidades de una tesis es la obtención de un grado académico, la definición de una tesis es otro.

Entonces ¿qué es una tesis? Para poder responder y conocer la tesis es importante apoyarnos en el origen etimológico de la palabra tesis, el mismo procede del latín *thĕsis*, que a su vez deriva del griego θέσις y tiene los siguientes significados: establecimiento, proposición, colocación; y originalmente de *tithenai* que significa: archivar.

En conclusión, una tesis es proposición, opinión o teoría que se mantiene con razonamientos, todo esto es producto de una investigación científica, es decir, del proceso de la investigación llegamos a afirmaciones de forma argumentada, a lo que llamamos tesis.

Otro aspecto importante que suele preguntarse es ¿cuál es la diferencia entre tesis y proyecto? La diferencia está en el proceso, contenido y la estructura del trabajo de grado. Una tesis busca un conocimiento científico (investigación), mientras que, un proyecto busca solucionar un problema (acción).

Para que se pueda entender mejor, a continuación, dos ejemplos:

a) Impactos económicos del turismo = Tesis

b) Construcción de un albergue ecoturístico = Proyecto

Claramente, el primero busca determinar o conocer el impacto económico de la actividad turística; el segundo, busca solucionar un problema identificado.

1.2.   ¿Por qué escribir una tesis?

Otra de las preguntas frecuentes que seguramente nos formulamos es ¿por qué escribir una tesis? Para responder esta pregunta, es suficiente revisar el plan de estudio de las carreras de su universidad o cualquier otro centro de formación. Las instituciones de educación superior (de forma general) para la conclusión del grado académico, como modalidades de titulación establece la presentación de una tesis (como una opción), tomando en cuenta que, existen varias formas o modalidades de graduación, como ser: tesis de grado, proyecto de grado, trabajo dirigido, examen de grado, excelencia, etc. esto de acuerdo al nivel y la institución.

Entonces, la importancia y el motivo de escribir una tesis es para cumplir y la obtener de un grado académico de pre y/o posgrado. Más allá de obtener un grado académico, se debe seguir un procedimiento metodológico riguroso para poder desarrollar el mismo, tal como hemos definido en el apartado 1.1.

1.3.　Tesis de pre y posgrado

A nivel pre y posgrado se escribe la tesis (en nuestro medio), en algunos países sólo se escribe la tesis a nivel posgrado y a nivel pregrado la tesina o similar. Una tesis de pre y posgrado, generalmente tiene una diferencia en cuanto a su profundidad y alcance de la investigación.

En cuanto al contenido, hay cierta diferencia entre tesis de pre y posgrado. Una tesis de pregrado sólo llega hasta el análisis e interpretación de los resultados, no desarrolla de forma profunda la parte epistemológica de la tesis. Mientras que, una tesis de posgrado además del análisis e interpretación de los resultados, incorpora la parte de la discusión y la propuesta de la tesis; en cuanto a la epistemología desarrolla de forma más amplia.

1.4.　Diferencia entre perfil de tesis y tesis

Otra de las preguntas que nos hacemos a la hora de iniciar una tesis es ¿cuál es la diferencia entre perfil y tesis? Porque a menudo escuchamos decir: "primero debes presentar y hacer aprobar tu perfil, luego la tesis final". Esta afirmación nos deja muy claro que son dos procesos diferentes, a continuación, conoceremos las diferencias:

1.4.1.Perfil de tesis

El perfil de tesis es el proyecto inicial de una investigación. Es el bosquejo inicial de lo que sería la tesis final, el desarrollo es menos profunda y completa, la cantidad de páginas suele ser entre 10 a 20 páginas, tiene una estructura definida (el mismo se presenta en el apartado 3.2.). El objetivo de realizar el perfil es: facilitar la revisión inicial de factibilidad de la tesis, es decir, que el tutor, asesor, etc. pueda revisar la idea inicial y ver si es relevante que se pueda llevar a cabo la investigación. Como es un bosquejo inicial, no requiere mucho tiempo su elaboración, por lo que, en caso de ser necesario se puede cambiar o mejorar el perfil, sin que esto demande mucho trabajo y tiempo. Mientras que no ocurriría lo mismo con un trabajo final.

1.4.2. Tesis final

La tesis final es el trabajo concluido, es producto del proceso de investigación y se debe presentar de forma rigurosa, tal como establece el reglamento de cada institución, tomando en cuenta los aspectos de forma y fondo, no puede faltar ningún apartado.

1.5. ¿Dónde buscar información?

Más adelante veremos las fuentes donde se puede obtener las ideas para plantear una idea para investigar, sin embargo, en este apartado, le mostraré algunas páginas donde se puede obtener información para poder sustentar una tesis.

A menudo la recomendación de los tutores suele ser que se pueda visitar las bibliotecas, en lo posible bibliotecas especializadas para recopilar información referido al tema de investigación. En los últimos años y más aun con la pandemia, se ha incrementado el uso de las plataformas digitales (internet) para la búsqueda de la información, por lo que, sugerimos puedan buscar en repositorios especializados, donde se puede encontrar información científica que pueda sustentar su investigación.

Existen varios repositorios[1] especializados para la búsqueda de información, entre los principales tenemos:

- ✓ Revistas científicas y otros: https://scholar.google.es/schhp?hl=es

- ✓ Libros: https://books.google.es/

- ✓ Revistas científicas: https://academic.microsoft.com/

- ✓ Revistas científicas: https://doaj.org/

- ✓ Revistas científicas: https://www.redalyc.org/

- ✓ Revistas científicas: https://www.latindex.org/latindex/

- ✓ Revistas científicas: https://dialnet.unirioja.es/

- ✓ Revistas científicas: https://scielo.org/

- ✓ Revistas científicas: https://eric.ed.gov/

- ✓ Revistas científicas: https://www.jstor.org/

---

[1] Repositorio: Un espacio virtual donde se centraliza, organiza, mantiene y difunde información digital, como: libros, tesis, artículos científicos, etc.

✓ Revistas   científicas   y   otros:
https://www.worldcat.org/

✓ Revistas científicas: https://www.refseek.com/

✓ Revistas   científicas:
http://www.jurn.org/#gsc.tab=0

✓ Revistas científicas: https://redib.org/?lng=es

✓ Revistas   científicas   y   otros:
https://biblioboard.com/opendissertations/

✓ Tesis   de   doctorado   (España):
https://www.educacion.gob.es/teseo/irGestionarC
onsulta.do

Estos son algunos de los principales repositorios, donde se puede acceder y buscar información de forma libre y gratuita para sustentar una investigación.

Por otro lado, recomendamos que pueda visitar el siguiente sitio:

✓ Academiko: http://www.academiko.com/

En este sitio puede encontrar la lista de más de 200 repositorios y acceder a ellas de forma directa (haciendo clic en la lupa). Además, en esta página le muestra una descripción de cada uno de los repositorios, de esta forma facilita el trabajo de búsqueda de información y acceder a repositorios muchos más específicos o especializados.

UNIDAD 2: ASPECTOS METODOLÓGICOS

2.1. El ser humano y su realidad

El ser humano desde su aparición hace 2,5 millones de años, ha buscado entender su entorno. Si nos enmarcamos a los hechos históricos que se han dado, el ser humano ha transformado su realidad con elementos que ha obtenido de su mismo entorno, muchas de las acciones que han desarrollado son para la sobrevivencia, sin embargo, en algunos casos para el dominio de una sociedad.

El ser humano ha ido adquiriendo conocimiento con la experiencia, el mismo tiene proceso de varios años, y se va transmitiendo a nuevas generaciones, haciendo del conocimiento una transferencia de generación a generación.

El conocimiento que adquiere el ser humano, permite transformar la sociedad, por ejemplo, en la prehistoria, empiezan con la utilización de la piedra, posteriormente con la era de los metales. Todos estos hechos, permitieron mejorar su calidad de vida, además de transformar su estilo de vida y el surgimiento de grandes países.

De la misma forma, hoy en día adquirimos conocimiento a diario; el conocimiento lo adquirimos de forma externa como: libros, web, TV, y otros medios; así también lo podemos adquirir por la experiencia. Y sin duda, todo el conocimiento lo adquirimos de nuestra realidad.

La persona (sujeto) forma parte de una realidad, en el que existen diferentes elementos naturales y culturales (objetos). Así existe la relación sujeto-objeto, aspecto fundamental de la investigación y conocimiento (veremos más adelante).

Los elementos naturales son todas aquellas cosas que existen en su entorno: ríos, plantas, cerros, animales, etc. en cambio, los elementos culturales son producto de la relación con otras personas de su entorno.

Como se ha indicado, el ser humano se desenvuelve en una realidad dada y ¿qué es la realidad? Ander Egg (1995) nos indica que es "lo dado", "lo existente", por lo que, podemos afirmar que la realidad es todo lo que existe alrededor del ser humano.

Todo lo que existe puede ser palpable u observable ¿esto es verdad? La respuesta es sí, en nuestro alrededor podemos ver, tocar, sentir, escuchar diferentes objetos de la realidad, algunos de ellos son sólo imaginarios o representativos (conocido como abstracción), por ejemplo, los números, el mismo sólo es una representación de una cantidad, que sirve para poder explicar un hecho real.

2.1.1. Clasificación de la realidad

La realidad puede ser palpable o sólo imaginario, a esta clasificación se llama: fáctica y formal. Fáctica es todo lo que se puede percibir, tocar, es decir, es la materia o los hechos naturales y sociales que se desarrollan en nuestro alrededor. La física, química, biología y psicología conforma las ciencias naturales, mientras que psicología social, sociología, economía, ciencia política e historia conforman lo ciencia cultural.

La realidad formal son abstracciones, ideas que desarrolla el ser humano para poder explicar su entorno. Las matemáticas y la lógica conforman esta rama de la ciencia.

Figura 1

Clasificación de la realidad

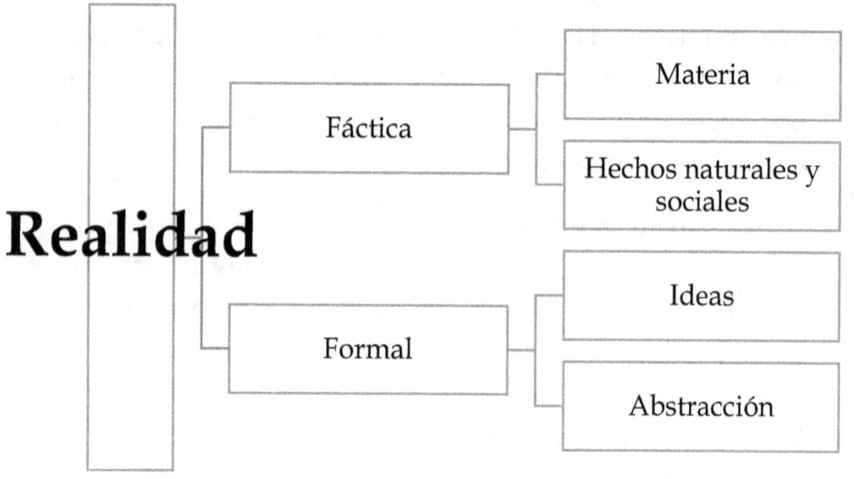

En las definiciones anteriores se puede ver una clasificación, de cómo adquirimos conocimiento de todo lo que nos rodea, todo ello permite al ser humano explicar su entorno, así poder transformar su bienestar.

2.2. Conocimiento

Hasta ahora hemos indicado que el ser humano (sujeto) va adquiriendo conocimiento de su entorno (objeto).

Esto nos permite definir, que el conocimiento es la relación del sujeto y el objeto, con el fin de explicar su realidad (Ocegueda, 2004).

Etimológicamente la palabra conocimiento proviene del latín: cognocere que significa noción, ciencia, sabiduría, acción y efecto de conocer, averiguar a través de las facultades intelectuales de las personas (Gutierrez, 2009).

El conocimiento puede ser algo simple o complejo. Por ejemplo, si alguien le pregunta ¿conoces a tú docente de metodología? La respuesta puede ser sí o no. Pero, otros conocimientos requieren de un método científico para conocer una realidad, por lo que el conocimiento de clasifica en:

✓ Conocimiento empírico

✓ Conocimiento científico

2.2.1. Conocimiento empírico

Es el conocimiento que surge con la experiencia directa con el entorno, por ejemplo: el sol calienta, la noche es oscura, la luna alumbra en la noche, las plantas dan frutos, etc. este conocimiento permite al ser humano poder interactuar con su entorno, así poder sobrevivir o desarrollarse.

Este conocimiento se transmite de una generación a otra, por lo que, pueden ser imprecisos e inciertos. Sin embargo, este conocimiento se constituye en la base del conocimiento científico (veremos más adelante).

Las formas de cómo se adquiere el conocimiento son por: sensaciones, percepciones y representaciones.

2.2.2. Conocimiento científico

El conocimiento científico surge a partir del conocimiento empírico, es conocimiento científico por que se obtiene utilizando el métodos y herramientas científicas.

Como este conocimiento se obtiene con métodos científicos, es posible verificar mediante la observación y la experimentación. Por lo que, es válido para todas las personas, sin embargo, como la ciencia es dialéctica, la tarea de la ciencia no se detiene, por tanto, este conocimiento es provisorio, es decir, es válido hasta que alguien no diga lo contrario (Hernandes *et al.*, 2010).

El conocimiento científico es una unidad ordenada (sistémico): observa, descubre, explica, predice un hecho de la realidad.

2.3. Método científico

Para conocer una realidad, no existe sólo un método, más al contrario, pueden existir varios caminos para conocer una realidad. Por lo que, existe la siguiente clasificación: no científicos, lógicos y científicos.

Figura 2
Tipos de método

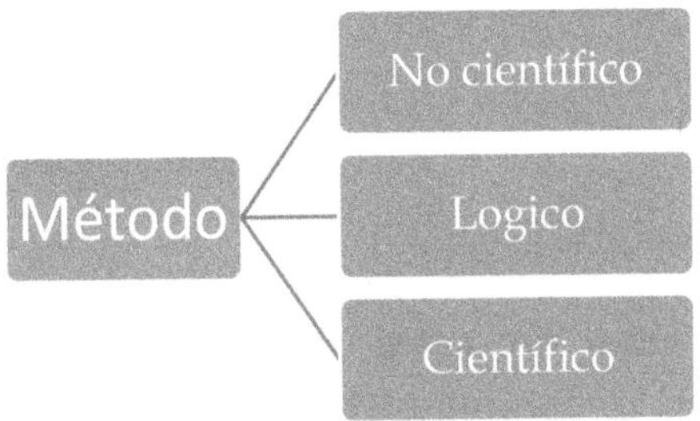

Los métodos no científicos, son apreciaciones intuitivas que permite al hombre conocer y explicar su entorno. El método lógico, lo utilizamos de forma cotidiana, en todo caso son las reglas de razonamiento que aplicamos de forma constante. Finalmente, los métodos científicos son todos aquellos que nos permite conocer la realidad de manera científica.

Tabla 1

Métodos científicos

Métodos	Tipos de métodos
Métodos no científicos	- Intuición - Autoridad - Tenacidad
Métodos lógicos	- Inducción - Deducción - Analogía - Síntesis
Métodos científicos	- Dialéctico - Descriptivo-comparativo - Experimental - Fenomenología

- Etnografía
- Interaccionismo
- Etnometodología

Fuente: Ocegueda (2004, pág. 30).

Cada uno de estos métodos tienen sus propias características, y la aplicación del mismo dependerá de lo que se quiera conocer. Si hablamos de forma específica del método científico, cada método tiene su rama de la ciencia donde se deba aplicar.

2.4. Investigación científica

Es el proceso que, mediante la aplicación del método científico de investigación, procura obtener información relevante y fidedigna (digna de fe y crédito), para entender, verificar, corregir o aplicar el conocimiento.

Es la búsqueda del conocimiento o de soluciones a problemas de carácter científico. Es un conjunto de procesos sistemáticos, críticos y empíricos que se aplican al estudio de un fenómeno.

2.5. Paradigmas de la investigación

Cuando se inicia una investigación de carácter científico, necesariamente se debe enmarcar en un modelo científico, a eso se llama paradigma. El paradigma es todo aquel modelo, patrón o ejemplo que debe seguirse en determinada situación. La palabra, como tal, proviene del griego παράδειγμα (parádeigma).

En un sentido amplio, paradigma se refiere a una teoría o conjunto de teorías que sirve de modelo a seguir para resolver problemas o situaciones determinadas que se planteen, en los que se enmarca en una investigación.

Existen tres paradigmas:

✓ Positivistas

✓ Interpretativo

✓ Socio critico

Cada uno de los paradigmas tienen ciertas características, y el mismo es aplicado en diferentes ramas de la ciencia, según el tipo de estudio que se desarrolle.

A continuación, las características de cada uno de los paradigmas:

2.5.1. Positivistas

El paradigma positivista, también conocido como empírico-analítico racionalista, surge a partir de las ciencias naturales y es totalmente opuesto a las ciencias sociales. Este paradigma está orientado a la predicción porque utiliza datos numéricos y estadísticos, por lo que, una investigación en este enfoque se puede verificar, cuantificar y verificar, además, se puede aplicar a gran escala.

En cuanto a la relación investigador-fenómeno estudiado, es totalmente superficial, porque el investigador no se involucra en el fenómeno estudiado. Por otro lado, la investigación que se desarrolla pretende alcanzar la objetividad, porque el investigador no influye con su posición en la investigación.

2.5.2. Interpretativo

El paradigma interpretativo, también conocido como fenomenológico-naturalista o humanista, permite comprender la realidad como dinámica diversa. Este enfoque está direccionado a dar significado de las relaciones humanas y la práctica social, por lo que, las investigaciones en este enfoque se desarrollan en las ciencias sociales.

Al tratarse de una investigación cualitativa, este paradigma está orientado al descubrimiento, además, este tipo de investigación se aplica en pequeños grupos.

En cuanto a la relación investigador-fenómeno estudiado, es concomitante, es decir, el investigador se involucra de forma directa en el fenómeno estudiado.

2.5.3. Socio critico

El paradigma socio crítico está orientado a la aplicación de los resultados de la investigación en la sociedad, como solución al problema planteado, eso es lo que hace diferente de los otros paradigmas, los resultados deben aplicarse necesariamente para solucionar el problema inicial planteado.

En este paradigma, el investigador y el objeto estudiado es de correspondencia, es decir, ambos participan de forma directa en la investigación.

2.6. Enfoques de investigación

Los enfoques de investigación surgen a partir de los paradigmas de investigación, tal como se muestra en la siguiente figura:

Figura 3

Paradigmas y enfoques

Ahora bien ¿qué es un paradigma? El paradigma es la forma en el que el investigador se aproxima al fenómeno estudiado, enmarcándose en una metodología científica.

Entre los paradigmas que se utilizan en la investigación científica son: el cuantitativo y cualitativo; la combinación de ambos paradigmas se conoce como el enfoque mixto o cuali-cuantitativo. A continuación, el desarrollo de cada uno de los enfoques.

2.6.1. Cuantitativo

El enfoque cuantitativo utiliza datos numéricos y estadísticos en el proceso de investigación, este enfoque surge a partir del paradigma positivista.

A continuación, las principales características de este enfoque:

Figura 4
Enfoque cuantitativo

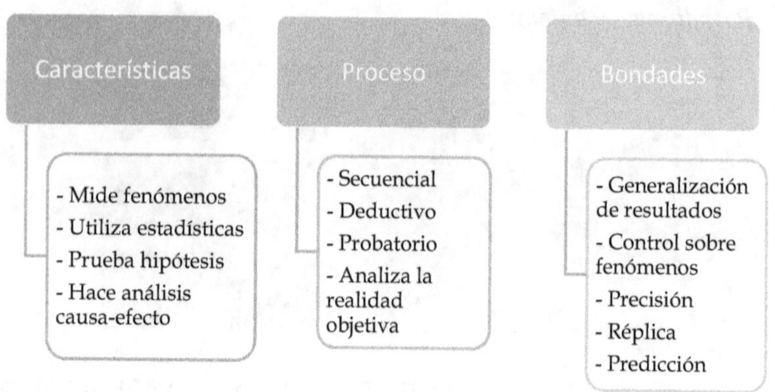

Fuente: En base a datos de Hernández *et al.* (2010)

2.6.2. Cualitativo

El enfoque cualitativo surge del paradigma interpretativo, tiene que ver con la recopilación de datos cualitativos, que permiten hacer una interpretación de la realidad, principalmente se aplica en el área de ciencias sociales.

A continuación, las principales características del enfoque:

Figura 5
Enfoque cualitativo

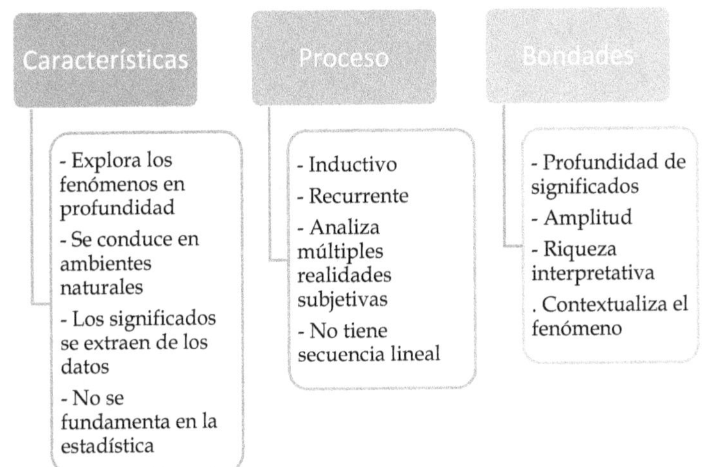

Fuente: En base a datos de Hernández *et al.* (2010)

2.6.3. Mixto (cuali-cuantitativo)

El enfoque mixto o cuali-cuantitativo es producto de la combinación del enfoque cuantitativo y cualitativo. En este enfoque se utiliza datos numéricos, así como datos cualitativos.

UNIDAD 3: ESTRUCTURA Y FORMATO DE LA TESIS

3.1. Forma y fondo de una tesis

Cuando el tutor, asesor o el tribunal revisa la tesis, (generalmente) en el informe suelen colocar, observaciones de forma y fondo (muchas veces sin especificar), ¿a qué hacen referencia con esto?

Según Fidias Arias (2006) la forma hace referencia a la organización, estructura y presentación de la tesis, mientras que, el fondo hace referencia al contenido de la tesis, de forma específica se toma en cuenta los siguientes elementos:

- ✓ **Forma:** diagramación, encuadernación, redacción, ortografía, citas bibliográficas, referencias bibliográficas, ordenamiento de títulos o capítulos, numeración de los subtítulos, entre otros aspectos.

- ✓ **Fondo**: integración lógica, coherencia, respuesta a las interrogantes, verificación de la hipótesis, profundidad, desarrollo del contenido, entre otros.

3.2. Partes de una tesis

Una tesis está compuesta por tres partes: preliminar, cuerpo y referencias, cada uno de estas partes a su vez está compuesta por diferentes apartados. A la hora de desarrollar la tesis, es importante conocer y diferenciar las partes de la tesis, esto nos permite estructurar y dar el formato de forma correcta.

3.2.1. Preliminar

Es la primera parte de la tesis, se incluyen aspectos generales y de información de la tesis. En este apartado se encuentran los siguientes apartados:

✓ Portada (obligatorio)

✓ Hoja de calificación (depende de las instituciones)

✓ Dedicatoria (opcional)

✓ Agradecimientos (opcional)

✓ Índice general (obligatorio)

✓ Índice de tablas y figuras (obligatorio)

✓ Resumen/Abstract (en inglés) (depende de las instituciones)

Como se puede ver, alguno de los apartados es obligatorio, mientras que otros son opcionales de acuerdo a las exigencias de cada institución en el que se esté desarrollando la tesis, por lo que, siempre recomendamos que puedan revisar el manual de su institución.

Este apartado lo desarrollamos de forma detallada en el apartado 4.1.

3.2.2. Cuerpo

Es el contenido mismo de la tesis, comprende desde la introducción hasta las conclusiones de la tesis. Este apartado varía de acuerdo al enfoque en el que se esté desarrollando la tesis, de forma general comprende los siguientes apartados:

✓ Introducción

✓ Problemática de la investigación (Capítulo I)

✓ Marco teórico (Capítulo II)

✓ Marco metodológico (Capítulo III)

✓ Análisis e interpretación de los resultados (Capítulo IV)

✓ Propuesta (Capítulo V) (tesis de posgrado)

✓ Conclusiones y recomendaciones

Cada uno se constituye en un capítulo, por tanto, está conformado por diferentes sub-apartados, el mismo se desarrolla en el apartado 3.4.

3.2.3. Referencia

Es la parte final de la tesis, y como su nombre indica, son las referencias de la tesis, el mismo comprende los siguientes:

✓ Bibliografía / Referencia

✓ Anexos

3.3. Estructura de un perfil de tesis

Como ya hemos definido el perfil (apartado 1.4.1.), es el proyecto inicial de la investigación. La estructura puede diferir de acuerdo al enfoque (cuantitativo, cualitativo o mixto) de la tesis. Por lo general, el perfil de la tesis tiene la siguiente estructura:

- ✓ PORTADA

- ✓ ÍNDICE GENERAL

- ✓ CAPÍTULO I: PROBLEMÁTICA DE LA INVESTIGACIÓN

- ✓ CAPÍTULO II: MARCO TEÓRICO

- ✓ CAPÍTULO III: MARCO METODOLÓGICO

- ✓ CRONOGRAMA DE ACTIVIDADES

- ✓ BIBLIOGRAFÍA / REFERENCIAS

Cada uno de los capítulos está conformado por los diferentes sub-apartados tal como se desarrolla en el siguiente apartado (3.4.).

3.4. Estructura final de la tesis

La estructura de la tesis está de acuerdo al enfoque en el que se esté desarrollando (cuantitativo, cualitativo o mixto). Asimismo, la estructura puede ser diferente dependiendo de las exigencias o reglamentos de cada institución, por lo que, sugerimos que puedan revisar las instrucciones de su institución.

A continuación, se presenta un esquema de la tesis en los enfoques cuantitativo y cualitativo, el mismo se ha desarrollado tomando en cuenta el reglamento de varias instituciones.

3.4.1. Estructura de una tesis cuantitativa

Una tesis de enfoque cuantitativa tiene la siguiente estructura:

PORTADA (OBLIGATORIO)

HOJA DE CALIFICACIÓN (DEPENDE DE LAS INSTITUCIONES)

DEDICATORIA (OPCIONAL)

AGRADECIMIENTOS (OPCIONAL)

ÍNDICE GENERAL (obligatorio)

ÍNDICE DE TABLAS Y FIGURAS (obligatorio)

RESUMEN/ABSTRACT (en inglés) (depende de las instituciones)

INTRODUCCIÓN

CAPÍTULO I: PROBLEMÁTICA DE LA INVESTIGACIÓN

1.1. Planteamiento del problema

 1.1.1. Formulación del problema

1.2. Objetivos de la investigación

 1.2.1. Objetivo general

 1.2.2. Objetivos específicos

1.3. Justificación

1.4. Delimitación de la investigación

CAPÍTULO V: PROPUESTA (tesis de posgrado)

5.1. Nombre de la Propuesta

5.1.1.   **Fundamentos teóricos**

5.1.2.   **Valoración y discusión del aporte social, político, económico, cultural, educativo, científico** (según el caso)

5.1.3.   **Presentación de la propuesta**

5.1.4.   **Objetivo de la propuesta**

5.1.5.   **Contenido de la propuesta**

5.1.6.   **Organización y planificación**

5.1.7.   **Orientaciones metodológicas para su aplicación, seguimiento y evaluación**

5.2. **Validación de la propuesta** (mediante el método Delphi u otro)

CONCLUSIONES Y RECOMENDACIONES

o   **Conclusiones**

o   **Recomendaciones**

BIBLIOGRAFÍA / REFERENCIAS

ANEXOS

El contenido presentado en referencial, puede tener algún cambio, esto de acuerdo al reglamento de presentación de cada institución.

3.4.2. Estructura de una tesis cualitativa

Una tesis de enfoque cualitativo tiene la siguiente estructura:

PORTADA (OBLIGATORIO)

5.4. **Validación de la propuesta** (mediante el método Delphi u otro)

CONCLUSIONES Y RECOMENDACIONES

o **Conclusiones**

o **Recomendaciones**

BIBLIOGRAFÍA / REFERENCIAS

ANEXOS

De la misma forma, la estructura que se presenta es de carácter referencial, pudiendo ser diferente de acuerdo a las exigencias de cada institución.

3.5. Formato de presentación de tesis

El formato de presentación hace referencia a la forma de la tesis, el mismo está dado por la institución, es decir, cada institución tiene su propio formato de presentación de trabajos académicos, se conoce como: manual, reglamento o protocolo. Este documento varía de una institución a otro, sin embargo, algunos elementos son comunes, como el tamaño de la hoja.

El formato de presentación de la tesis, principalmente contempla los siguientes apartados: tamaño de hoja, márgenes, tipografía, interlineado, alineado, numeración, cita textual, cita parafraseada, referencias bibliográficas, entre otros.

A continuación, presentamos algunos elementos de la tesis, que por lo general se manejan en las instituciones:

✓ Tamaño de hoja: carta

✓ Margen: superior e izquierdo 3, derecho e inferior 2,5

✓ Tipografía: Times New Roman 12, Arial 12 u otro

✓ Interlineado: 1,5

✓ Alineado: justificado

✓ Numeración: la portada sin numeración, parte preliminar en números romanos minúscula (i, ii, iii, iv…) y el cuerpo de la tesis número arábicos (1, 2, 3…)

✓ Citas bibliográficas y referencias: estilo APA u otro

Esos son algunos aspectos relevantes y que por lo general se utiliza en las instituciones, sin embargo, de la misma forma puede haber cierta diferencia de una institución a otro.

3.6. Estilos de redacción de tesis

Estilo hace referencia a la forma de presentar y redactar los trabajos. De forma específica, cuando realizamos un trabajo académico, estilo tiene que ver con el correcto desarrollo de las citas y referencias bibliográficas.

Existen varios estilos de presentación de trabajos como: APA, Chicago, Vancouver, GB7714, GOST, ISO, MLA, SISTO, Turabian, ACS, AMA, Harvard Referencing, IEEE, y otros. De lo mencionado, el más utilizado es el estilo APA, seguido del estilo Vancouver. Cada estilo está dirigido a alguna rama de la ciencia como:

✓ APA: ciencias sociales, educación y psicología

✓ Vancouver: ciencias médicas

✓ MLA: lenguaje

✓ Chicago: historia, humanidades, arte, literatura y ciencias sociales

✓ Harvard Referencing: física, ciencias naturales y sociales

✓ ISO: en cualquier disciplina

Como indicamos, los estilos son utilizados principalmente en las citas y referencias bibliográficas, por lo que, respecto a las citas (textual y parafraseada), en una tesis se utiliza de forma frecuente en el planteamiento del problema, el marco teórico, en la discusión y en otros apartados en caso de ser necesario, por eso la importancia de saber su correcto uso y aplicación en una tesis. Además, no se puede mezclar los estilos en un mismo trabajo, por lo que, el uso de un estilo es riguroso.

A continuación, desarrollamos el estilo APA, siendo el estilo más utilizado en las instituciones de formación.

3.6.1. Estilo APA

APA es un estilo de presentación y organización de trabajos académicos, surge en el año 1929 y está direccionado al área de ciencias sociales (Pairumani, 2020).

Las principales aplicaciones del estilo APA en una tesis son:

✓ Cita textual

✓ Cita parafraseada

✓ Tablas

✓ Figuras

✓ Referencias bibliográficas

Las tablas y figuras lo veremos en la Unidad 8 (análisis e interpretación de los resultados), las referencias bibliográficas en la Unidad 10 (referencias).

A continuación, desarrollamos algunos ejemplos de citas textuales y citas parafraseadas según APA 7ma edición. Esta edición entró en vigencia en octubre del año 2019, y se han implementado algunos cambios respecto al APA 6ta edición.

3.6.2. Cita textual o directa

La cita textual o directa, es la transcripción parcial y exacta de una fuente[2], que nos permite sustentar la investigación. Debe ser una transcripción exacta (sin cambiar nada) de una fuente cualquiera, la cantidad máxima de texto que se puede transcribir es 800 palabras como máximo (de una fuente).

Dependiendo de la cantidad de palabras citadas, la cita textual puede desarrollarse de dos formas: cita corta y cita larga.

1) Cita corta: menor a 40 palabras

---

[2] Fuente: Hace referencia a: libro, artículo, página web, PDF, video, audio, etc. cualquiera texto o multimedia que podemos consultar para sustentar la investigación.

Para desarrollar cita textual corta se requiere los siguientes datos: apellido del autor, año de publicación y número de página o su equivalente, el texto citado entre comillas. La cita textual corta se desarrolla en el mismo párrafo.

A continuación, ejemplos de cita textual corta:

Ej. Cita textual (parentético)

> En nuestro contexto, a menudo "la lógica simbólica emplea un lenguaje especial en base a símbolos (lenguaje simbolizado), que le da mayor precisión en las inferencias lógicas" (Manzano, 2014, pág. 63).

Ej. Cita textual (narrativo)

> Según Henry Manzano (2014) "la lógica simbólica emplea un lenguaje especial en base a símbolos (lenguaje simbolizado), que le da mayor precisión en las inferencias lógicas" (pág. 63).

2) Cita larga: mayor a 40 palabras

Una cita larga tiene los siguiente elementos y características: apellido del autor, año de publicación, número de página o su equivalente, es un párrafo aparte, sangría de cinco espacios desde el margen izquierdo e interlineado simple.

A continuación, ejemplos de cita larga:

Ej. Cita textual larga (narrativo)

> El turismo es una de las actividades que ha sido afecta de forma directa e indirecta por el Coronavirus, Pairumani (2020) indica que:
>
> Todas las noticias, todas las publicaciones de internet. El Coronavirus se ha vuelto el único tema relevante y al cual los medios tradicionales y digitales han enfocado su atención. (pág. 3)
>
> El turismo es una de las actividades que ha sido afecta de forma directa e indirecta...

Ej. Cita textual fuera del párrafo (parentético)

> El turismo es una de las actividades que ha sido afecta de forma directa e indirecta por el Coronavirus.
>
> Todas las noticias, todas las publicaciones de internet. El Coronavirus se ha vuelto el único tema relevante y al cual los medios tradicionales y digitales han enfocado su atención. (Pairumani, 2020, pág. 9)
>
> El turismo es una de las actividades que ha sido afecta de forma directa e indirecta por el Coronavirus...

3.6.3. Cita parafraseada

Cita parafraseada es redacción propia del autor (de la tesis) en base a datos de alguna fuente. Para desarrollar la cita parafraseada se requiere los siguientes datos de la fuente consultada: apellido del autor y año.

A continuación, ejemplos de citas parafraseadas, tomando en cuenta las diferentes formas:

Ej. Cita parafraseada (parentético)

> La información generada en la investigación fue difundida en varios medios de comunicación, principalmente electrónica (internet), además esta información está disponible y al alcance de todos en varios idiomas (Villca, 2012).

Ej. Cita parafraseada (narrativo)

> Según datos de Pairumani (2018) la información generada en la investigación fue difundida en varios medios de comunicación, principalmente electrónica (internet), además esta información está disponible y al alcance de todos en varios idiomas como: inglés, alemán y otros.

Ej. Cita parafraseada de varias fuentes (parentético)

> La información generada en la investigación fue difundida en varios medios de comunicación, principalmente electrónica (internet), además esta información está disponible y al alcance de todos en varios idiomas como: inglés, alemán y otros (Pairumani, 2020; Ajacopa, 2019; Apaza, 2016).

Ej. Cita parafraseada de varias fuentes (narrativo)

> Según datos de Pairumani (2020), Ajacopa (2019) y Apaza (2016) la información generada en la investigación fue difundida en varios medios de comunicación, principalmente electrónica (internet), además esta información está disponible y al alcance de todos en varios idiomas como: inglés, alemán y otros.

Para poder conocer en detalle sobre el estilo APA, recomiendo el texto: *APA citas y referencias según 7ma edición* (de mi autoría).

SEGUNDA PARTE

PARTE PRELIMINAR DE LA TESIS

UNIDAD 4: PARTE PRELIMINAR DE LA TESIS

4.1. Partes de una tesis

Una tesis se divide en tres partes (apartado 3.2.), los cuales son:

✓ Preliminar

✓ Cuerpo

✓ Referencias

Cada uno de estos apartados, a la vez, está conformado por diferentes sub-partes. En este apartado desarrollamos la parte preliminar de la tesis.

4.2. Parte preliminar de la tesis

La parte preliminar es la parte inicial de la tesis, en el que se encuentra información general y de contenido de la tesis. Este apartado está conformado por los siguientes elementos:

✓ Portada (obligatorio)

✓ Hoja de calificación (depende de las instituciones)

✓ Dedicatoria (opcional)

✓ Agradecimientos (opcional)

✓ Índice general (obligatorio)

✓ Índice de tablas y figuras (obligatorio)

✓ Resumen/Abstract (en inglés) (depende de las instituciones)

El contenido que se describe puede ser obligatorio, opcional o dependiendo de la institución, se puede agregar algunos o quitar otros.

4.2.1. Portada

Es la primera página de la tesis, la estructura o contenido de la misma puede variar de una institución a otra, sin embargo, los principales datos que se debe incluir son los siguientes:

✓ Nombre de la institución (universidad)

✓ Nombre de la facultad y carrera

✓ Logotipo o imagen corporativa de la institución

✓ Título de la tesis

✓ Protocolo o propósito de la titulación

✓ Nombre del autor

✓ Nombre del tutor o asesor

✓ Lugar y año

Todos los datos descritos tienen un formato de presentación, como ser: tamaño de letra, tipo de letra, interlineado, negrita, etc. todo esto dependerá de la institución en el que se esté desarrollando la tesis.

A continuación, desarrollamos ejemplos en base al Manual de Presentación de Trabajos de Grado de la Universidad Mayor de San Andrés – UMSA (La Paz, Bolivia):

Figura 6

Portada para trabajos de grado UMSA

✓ **Nombre de la institución (universidad)**

UNIVERSIDAD MAYOR DE SAN ANDRÉS

Características: Nombre completo de la universidad, letra Times New Roman, todo en mayúsculas, 20 puntos, centrado y en negrita.

✓ **Nombre de la facultad y carrera**

FACULTAD DE HUMANIDADES Y Cs. DE LA EDUCACIÓN CARRERA DE TURISMO

Características: Nombre completo de la facultad, nombre de la carrera, letra Times New Roman, todo en mayúsculas, 16 puntos, centrado y en negrita.

✓ **Logotipo o imagen corporativa de la institución**

Características: Escudo oficial de la universidad, 8cm por 3,5cm, mantener los colores oficiales de la universidad y centrado.

✓ **Título de la tesis**

IMPACTOS AMBIENTALES...

Características: Título completo de la tesis, letra Times New Roman, todo en mayúsculas, 16 puntos, centrado y en negrita.

✓ **Protocolo o propósito de la titulación**

Tesis de grado presentado para la obtención de...

Características: Describe el propósito de la tesis, en minúsculas, letra Times New Roman, 11 puntos, centrado y en negrita.

✓ **Nombre del autor**

POR: ROMÁN PAIRUMANI AJACOPA

Características: Nombre completo del autor de la tesis, antecedido por la palabra "POR", todo en mayúscula, letra Times New Roman, 16 puntos, centrado y en negrita.

✓ **Nombre del tutor o asesor**

TUTOR: Lic. JUAN PÉREZ CRUZ

Características: Nombre completo del tutor o asesor (especificar), todo en mayúsculas, letra Times New Roman, 14 puntos, centrado y en negrita.

✓ **Lugar y año**

LA PAZ – BOLIVIA
Febrero, 2021

Características: En el primer reglón ciudad y país (en mayúscula), en el segundo reglón mes y año (en minúsculas), letra Times New Roman, 12 puntos, centrado y en negrita.

4.2.2.   Hoja de calificación

La inclusión de la hoja de calificación depende de las exigencias de la institución, en muchas instituciones es obligatoria y en otros es de carácter opcional.

Los datos que se incluyen en la hoja de calificación:

✓ Nombre de la universidad

✓ Nombre de la facultad y carrera

✓ Inscripción de "Tesis de grado:"

✓ Título de la tesis

✓ Autor de la tesis

✓ Protocolo o propósito de la tesis

✓ Nota numeral

✓ Nota literal

✓ Inscripción de aprobado u otro

✓ Nombre del Director de la Carrera

✓ Nombre del tutor o asesor

✓ Nombre de los tribunales (de todos los tribunales)

A continuación, presentamos un ejemplo en el que se muestra todos los elementos descritos anteriormente:

Figura 7

Hoja de calificación para trabajos de grado UMSA

UNIVERSIDAD MAYOR DE SAN ANDRÉS
FACULTAD DE HUMANIDADES Y Cs. DE LA EDUCACIÓN
CARRERA DE TURISMO

Tesis de grado:

IMPACTOS AMBIENTALES...

Presentado por: Univ. Roman Pairumani Ajacopa

Para obtener el grado académico de **Licenciado en Turismo**

Nota numeral: ....

Nota literal: ....

Ha sido: ....

Director de la carrera: Lic. XXX

Tutor: Lic. XXX

Tribunal: Lic. XXX

Tribunal: Lic. XXX

Tribunal: Lic. XXX

Nota. Todos los datos deben estar llenados excepto la de nota numeral, nota literal y aprobación, estos datos serán llenados después de la defensa pública de la tesis. De la misma forma, algunos datos pueden cambiar de acuerdo a la institución.

4.2.3. Dedicatoria

La inclusión de la dedicatoria es de carácter opcional (pero recomendado). En este apartado el autor de la tesis hace mención a todas las personas a las que dedica su trabajo.

El contenido y el formato es libre, pero cuidando aspectos formales como la ortografía, gramática, extensión (corta) y otros detalles.

Ej. Agradecimiento

DEDICATORIA

A mis padres por haber…

4.2.4.   Agradecimientos

Es otro de los apartados opcionales (pero recomendado). En este apartado el autor hace mención a las personas e instituciones que han apoyado o contribuido a la consecución de la tesis.

La redacción de este apartado es formal, por lo que no se puede utilizar cursiva u otras características, en lo posible, mantener la tipografía del trabajo.

Ej. Agradecimiento

AGRADECIMIENTO

Al Licenciado ….

A la Universidad…

Mi agradecimiento a…

4.1.1. Índice general

Este apartado es de carácter obligatorio en una tesis. El índice general es el enlistado de todos los capítulos y subtítulos que contiene la tesis. Debe estar ordenado de forma correlativa y señalar el número de página en el que se encuentra.

Figura 8

Ejemplo de índice general

INDICE GENERAL

INTRODUCCIÓN 1

CAPITULO I PRESENTACIÓN DEL ESTUDIO 3

1.1. Presentación de la problemática 3

1.1.1. Planteamiento del Problema 4

1.1.2. Formulación del Problema 4

1.2. Objetivos 5

1.2.1. Objetivo General 5

1.2.2. Objetivos Específicos 5

4.1.2. Índice de tablas y figuras

Al igual que el índice general, una tesis debe incluir el índice de tablas y el índice de figuras (de forma separada cada uno). Es el enlistado de todas las tablas y figuras que se encuentran en el contenido de la tesis (excepto los de anexos), se debe enlistar de forma correlativa y también debe especificarse el número de página en el que se encuentra la tabla y la figura.

Figura 9

Ejemplo de índice de figuras

ÍNDICE DE FIGURAS

4.1.3. Resumen / *Abstract*

Una tesis puede o no incluir el resumen y el *abstract*, esto dependerá de las exigencias de cada institución. Un resumen y abstract (en inglés) es un breve, pero exhaustivo resumen de una investigación. Su propósito es proporcionar a los lectores una visión clara de lo que se ha investigado y las conclusiones a los que se ha llegado en la investigación.

El resumen es generalmente entre 150 a 200 palabras, se debe redactar en un sólo párrafo. *Se recomienda elaborar una vez concluido el trabajo de investigación.*

El resumen está constituido por los siguientes apartados:

✓ Objetivo de la investigación

✓ Metodología

✓ Resultados

✓ Conclusiones

A continuación, un ejemplo de la redacción del resumen:

Ej. Agradecimiento

RESUMEN

(Obj.) El propósito de esta investigación es conocer el manejo de entornos personales de aprendizaje de estudiantes del doctorado en educación superior de la Universidad Pública de El Alto - UPEA. *(Met.)* Esta investigación es de alcance descriptivo, el diseño de la investigación es transeccional o transversal; la población del estudio está compuesto por estudiantes del Doctorado en Educación de la UPEA, siendo la muestra de # participantes; el instrumento aplicado fue un cuestionario digital, con preguntas de opción múltiple. *(R)* En esta investigación se ha podido llegar a los siguientes resultados... *(C)* La investigación permite concluir que el PLE tiene influencia directa por el uso de

(Obj.) **Objetivo /** *(Met.)* **Metodología /** *(R)* **Resultados /** *(C)* **Conclusiones**

Recuerda: El resumen debe ser redacta una vez concluida la investigación, sólo así tendrá todos los elementos que contiene el mismo.

Adicionalmente, el resumen incluye palabras claves o *Keywords* (en inglés), la cantidad de palabras clave que se debe incluir en un resumen es de 3 a 5 palabras (separado por ;), estas pueden ser sólo una palabra o palabras compuestas.

Las palabras claves permiten al lector identificar y determinar la temática de la investigación, porque refleja el contenido de la investigación, además, permite buscar información de manera más fácil en la investigación.

Las palabras claves se obtienen de manera directa del título de la investigación, en lo posible se recomienda que estas palabras claves se encuentren en los principales *tesauros*[3], como:

http://vocabularies.unesco.org/browser/thesaurus/es/

Ej. Palabras claves

Palabras clave: Entornos personales de aprendizaje; educación superior; TIC en educación.

Si una tesis incluye el resumen, el mismo debe estar en español e inglés, de la misma forma, las palabras claves en español e inglés.

✓ Resumen (español) / *Abstract* (en inglés)

✓ Palabras claves (español) / *Keywords* (en inglés)

---

[3] Tesauro: Es una lista de palabras o términos empleados para representar conceptos.

TERCERA PARTE

CUERPO DE LA TESIS

UNIDAD 5: IDEA AL TÍTULO

5.1. Nacimiento de una tesis

Una investigación nace a partir de una idea, el mismo podemos generar a partir de nuestras experiencias, material bibliográfico, fuentes audiovisuales, teorías, conversaciones, internet y otras fuentes. A partir de estas fuentes podemos obtener una idea para realizar una tesis (Hernández *et al.*, 2010).

La idea que se plantea para desarrollar una tesis debe ser: novedoso, alentador, emocionante e inspirador para el investigador. Sólo así el investigador podrá desarrollar la investigación de la mejor manera, caso contrario, el investigador abandonará o dejará la investigación (Hernández *et al.*, 2010).

Para poder plantear una idea de investigación, se debe tomar en cuenta que, la idea debe ayudar a resolver un problema científico, la idea a desarrollar debe aportar nuevos conocimientos, finalmente, debe generar interrogantes para poder desarrollar nuevas investigaciones. Por lo que, la investigación debe plantearse a partir de identificar un problema científico (Hernández *et al.*, 2010).

5.2. Método para definir el título inicial

A partir de la idea se formula el título, el mismo debe reflejar el desarrollo de la investigación, es decir, el título refiere de forma clara concreta de lo que trata la investigación, por lo que, el título está conformado por: las variables de la investigación, el sujeto o el objeto de estudio, finalmente, el lugar donde se desarrollará la investigación. Adicionalmente, al título se puede agregar la temporalización de la investigación, el mismo depende de la temática planteada. En caso de no colocar en el título, el mismo se toma en cuenta en el apartado de la delimitación de la investigación.

Existen diferentes metodologías para formular el título, incluso algunos no necesitan ninguna metodología para la formulación del título. En este trabajo utilizaremos una metodología que consiste en tres preguntas y respuestas.

Figura 10

Metodología para la definición del título

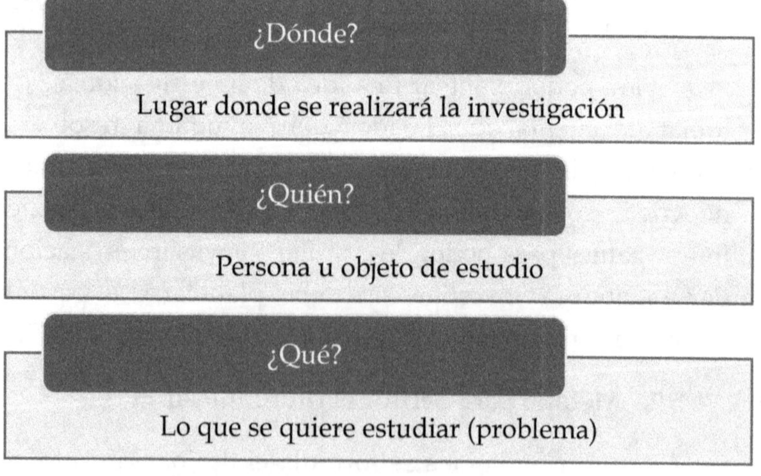

Esta metodología nos permite identificar el lugar donde se desarrollará la investigación, sujeto u objeto de estudio y el problema que se quiere estudiar.

Tomando en cuenta este ejercicio, a continuación, presentamos algunos ejemplos:

Ejemplo 1

¿Dónde? = Carrera de Turismo, UMSA

¿Quién? = Estudiantes de 1er semestre

¿Qué? = Rendimiento académico

Ejemplo 2

¿Dónde? = Hospital Municipal La Portada, La Paz

¿Quién? = Pacientes

¿Qué? = Casos clínicos COVID-19

Tomando en cuenta los dos anteriores ejemplos, podemos formular los títulos iniciales, tomando en cuenta el siguiente orden:

Figura 11
Formulación del título inicial

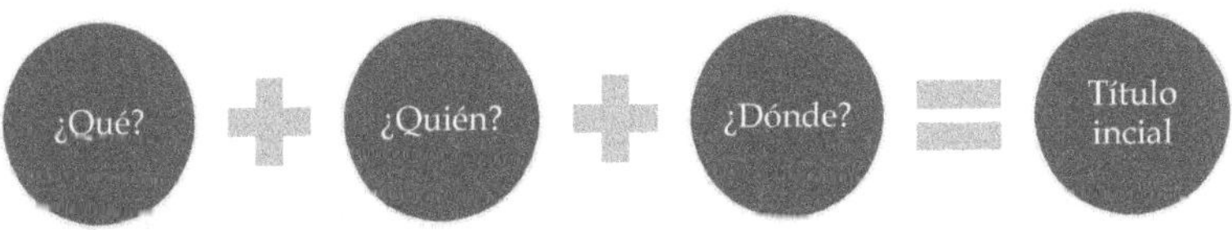

Haciendo la redacción y complementado algunos conectores (necesarios) tenemos los siguientes resultados:

- ✓ **Ejemplo 1:** Rendimiento académico de estudiantes de 1er semestre de la Carrera de Turismo, UMSA

- ✓ **Ejemplo 2:** Casos clínicos de COVID-19 en pacientes del Hospital Municipal La Portada, La Paz

Ya tenemos el título inicial, sin embargo, se recomienda que el título de una tesis, al menos debe tener dos (2) variables. En los ejemplos presentados, el título sólo tiene una variable[4], el mismo se obtiene a partir de la pregunta: ¿Qué?

Para obtener la siguiente variable es necesario realizar el siguiente ejercicio, el mismo es identificar: causa, efecto y aporte:

Figura 12

Obtención de la segunda variable

---

[4] La variable que se obtiene a partir de la respuesta a la pregunta ¿Qué? Es la variable dependiente, la variable independiente, se obtiene a partir de la causa, efecto o aporte. Este apartado lo detallaremos en punto 6.6.

> **CAUSA**
>
> Identificar el hecho que originó el problema

> **EFECTO**
>
> Efectos y consecuencias que se dan si se mantiene el problema

> **APORTE**
>
> La solución que se brindará a partir de la investigación.

A continuación, presentamos los siguientes ejemplos:

Ejemplo 1

Causa = Dificultades de aprendizaje

Efecto = Deserción y reprobación de estudiantes

Aporte = Hábitos y estrategias de estudio

Ejemplo 2

Causa = Programas de prevención y control

Efecto = Contagio y deceso de los pacientes

Aporte = Programas de prevención

Para la 2da variable del título, se debe tomar en cuenta: la causa, efecto o aporte del tema a investigar, vale decir sólo uno (cualquiera de los tres). En el caso de que se tome en cuenta la *causa* o el *efecto*, la investigación es *no experimental*, si se toma en cuenta el *aporte*, la investigación será *experimental* (esta apartado lo desarrollamos en detalles en la Unidad 8).

Se recomienda que se pueda desarrollar la técnica de árbol de problemas, para definir las causas y los efectos del problema.

5.3. Definición del título

Una vez teniendo claro todos los elementos que conforma el título, pasamos a definir el título de la tesis. Para el mismo se debe tomar en cuenta los siguientes aspectos:

- ✓ Dos variables

- ✓ Sujeto u objeto de estudio

- ✓ Lugar donde se desarrollará la investigación

Figura 13

Título de la tesis

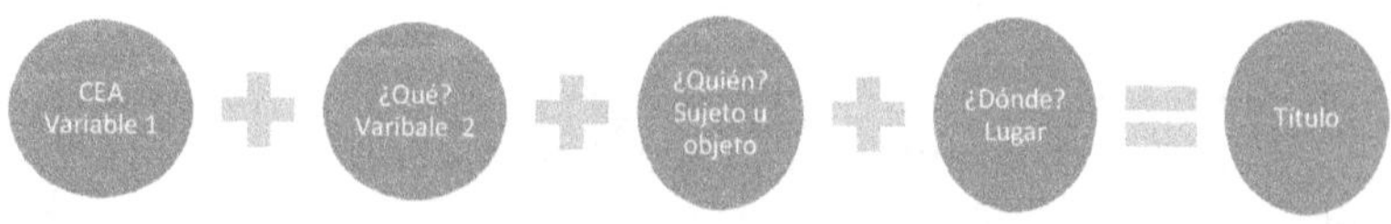

El título debe ser claro y concreto, utilizar frases afirmativas, en promedio entre 15 a 20 palabras. A continuación, ejemplos de título:

Ejemplo 1

> Dificultades de aprendizaje (V1) y rendimiento académico (V2) de estudiantes de 1er semestre (S) de la Carrera de Turismo, UMSA (L)

Ejemplo 2

> Programas de prevención y control (V1) y casos clínicos de COVID-19 (V2) en pacientes (S) del Hospital Municipal La Portada, La Paz (L)

En ambos ejemplos, el Variable 1 (V1) sale de la *causa*, la Variable 2 (V2) de la respuesta a la pregunta *¿Qué?*, el sujeto (S) la respuesta a la pregunta *¿Quién?*, finalmente, el lugar (L) es la respuesta a la pregunta *¿Dónde?*

UNIDAD 6: PROBLEMÁTICA DE LA INVESTIGACIÓN

6.1. Planteamiento del problema

Para plantear el título se toma en cuenta el problema, por lo que, en este apartado se debe sustentar el mismo. Es decir, se debe exponer todas las razones por las que se considera "problema" el "problema" de investigación identificada. Para el mismo, se debe argumentar o sustentar con información empírica y científica referido al problema.

Para poder plantear el problema se considera algunos elementos, tal como plantea Hernández *et al.* (2010):

✓ El problema expresa una relación entre dos o más variables o conceptos.

✓ El planteamiento implica la realización de una prueba empírica, es decir, la posibilidad de observarse en la realidad de forma directa.

Además, el problema debe estar fundamentado en conocimiento científico previo (estudios anteriores relacionados al tema planteado). Debe explicar de forma clara y concreta la razón por que se ha decidido realizar el estudio. Debe ser fácil de comprender la razón de ser del estudio (redacción fluida).

Por otro lado, David Mamani (2015) plantea que en el planteamiento del problema se debe tomar en cuenta los siguientes aspectos:

✓ Debe ser planteado de lo general a lo particular (deductivo)

✓ Describir los problemas a nivel general

✓ Describir los problemas a nivel particular (sujeto u objeto de investigación)

✓ Describir las causas que originan el problema

✓ Describir los efectos si es que no se soluciona el problema

✓ Dar a conocer la parte de la propuesta de solución al problema

Para plantear el problema se debe seguir la metodología que se presenta, el mismo permitirá desarrollar de forma clara el problema, y así no tener confusiones con otros apartados como la justificación, introducción u otros.

Figura 14

Planteamiento del problema

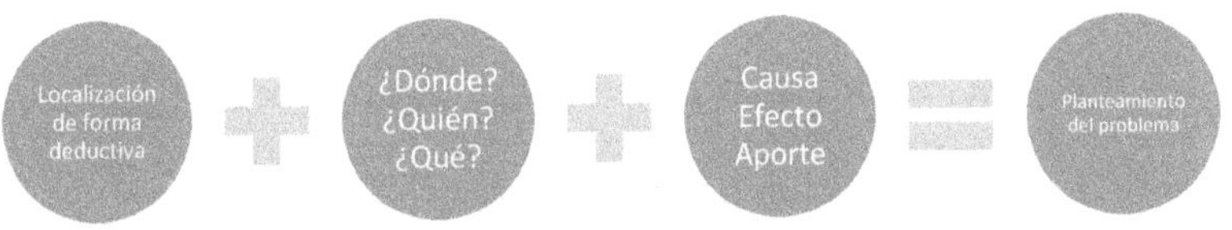

En la localización de forma deductiva, se debe contextualizar el problema en un ámbito geográfico delimitado, es decir, cuál es la situación del problema que se pretende o se ha estudiado en un ámbito geográfico. Esto se debe realizar de forma deductiva, vale decir de lo general a lo particular.

El ámbito geográfico puede ser:

✓ Nivel mundial

✓ Nivel continental

✓ Nivel nacional

✓ Nivel regional

Al realizar una investigación se puede empezar desde el nivel mundial, a nivel continental o sólo desde el nivel nacional, esto depende del contexto y la temática que se esté investigando.

Al redactar el problema, cada uno debe tener al menos un párrafo debidamente sustentado (citas textuales y parafraseadas). Se debe tomar en cuenta estudios científicos relacionados con el problema, por lo que, los mismos deben estar citados según el estilo que se esté utilizando en la redacción.

Por tanto, el planteamiento del problema se debe desarrollar tomando en cuenta la siguiente estructura:

- ✓ Situación del problema a nivel mundial

- ✓ Situación del problema a nivel continental

- ✓ Situación del problema a nivel nacional

- ✓ Situación del problema a nivel regional

- ✓ Problema (¿dónde?, ¿quién? Y ¿qué?)

- ✓ Causas del problema

- ✓ Efectos del problema

- ✓ Aportes que se realizará a partir de la investigación

Recuerda: puedes empezar desde el contexto internacional, continental o nacional, esto depende de la temática que se esté abordando. Cada uno de los elementos mencionados, al menos deben redactarse en un párrafo.

Cuando se redacta el planteamiento del problema, se debe tomar en cuenta los siguientes aspectos en cada elemento:

- ✓ Nivel mundial = Describir la situación del problema a nivel mundial.

- ✓ Nivel continental = Describir la situación del problema a nivel continental.

✓ Nivel nacional = Describir la situación del problema a nivel nacional.

✓ Nivel regional = Describir la situación del problema a nivel regional.

✓ Problema = Contextualizar y describir el problema a nivel de unidad de estudio.

✓ Causa = Describe las causas que ocasionan el problema identificado.

✓ Efecto = Describir los efectos que ocasiona el problema identificado.

✓ Aportes = Se describe la solución al problema que se pretende desarrollar con la investigación.

A continuación, se muestra el ejemplo de planteamiento del problema con los pasos que se han detallado:

Ejemplo 1

Problema identificado (título): *Dificultades de aprendizaje y rendimiento académico de estudiantes de 1er semestre de la Carrera de Turismo, UMSA*

Planteamiento del problema

A nivel mundial (continental, nacional y regional) las dificultades de aprendizaje y el rendimiento académico son temas... *(describir el problema, fundamentando con otros estudios).*

La carrera de turismo de la Universidad Mayor de San Andrés... en el mismo se ha podido identificar que los estudiantes tienen dificultades de aprendizaje... *(Contextualizar y describir el problema a nivel de unidad de estudio).*

Entre las diferentes causas que ocasionan el problema se ha podido... (Causa) *(Describe las causas).*

Los efectos que genera el problema... (Efecto) *(Describe las consecuencias).*

Por ello, con esta investigación se pretende... (Aporte) *(Describe la solución al problema).*

6.2. Formulación del problema

Una vez planteado el problema, se debe formular el problema en forma de pregunta, clara y sin ambigüedades.

En algunos textos, en el planteamiento del problema se toma en cuenta los siguientes elementos: causa-efecto y sujeto-objeto, estos elementos permiten determinar el problema de investigación.

Para fines de este texto, para la formulación del problema se toma en cuenta el título de la investigación, el mismo también contempla los elementos mencionados.

Para formular el problema, se toma en cuenta los siguientes aspectos.

✓ El problema expresa una relación entre dos o más variables.

✓ El problema no se debe responder con un No o SÍ, más al contrario, debe invitar a investigar para poder responder el problema.

✓ La formulación del problema responde al título de la investigación.

✓ Al formular el problema se debe tomar en cuenta los tipos de investigación (ver Unidad 8), es decir, al formular el problema se define el tipo de investigación: exploratoria, descriptiva, correlacional y explicativa en la investigación cuantitativa; y, teoría fundamenta, etnográfico, narrativa e investigación acción en la investigación de enfoque cualitativo.

A continuación, ejemplo de formulación del problema:

Ejemplo 1

Título: *Dificultades de aprendizaje y rendimiento académico de estudiantes de 1er semestre de la Carrera de Turismo, UMSA*

Tipo de investigación: Explicativa

Problema: ¿Cómo inciden las dificultades de aprendizaje en el rendimiento académico en los estudiantes de 1er semestre de la Carrera de Turismo, UMSA?

Ejemplo 2

Título: *Dificultades de aprendizaje y rendimiento académico de estudiantes de 1er semestre de la Carrera de Turismo, UMSA*

Tipo de investigación: Correlacional

Problema: ¿Cuál es la relación de las dificultades de aprendizaje con el rendimiento académico en los estudiantes de 1er semestre de la Carrera de Turismo, UMSA?

Como se puede ver en los ejemplos anteriores, el problema es el título redactado en forma interrogativa, adicionando o cambiando algunos conectores de tal forma que se pueda comprender mejor. El problema engloba las dos variables, el sujeto u objeto de estudio y el lugar de estudio, no puede incorporar otras variables.

Al formular el problema se determina el tipo de investigación, por lo que, es necesario que conozca los tipos de investigación (ver Unidad 8).

En las investigaciones cualitativas, se puede formular una pregunta de investigación general y preguntas de investigación secundaria. Además, como en una investigación cualitativa no se formula la hipótesis, el problema de investigación es la que se debe demostrar o sustentar en una tesis.

6.3. Objetivos de la investigación

El objetivo es el fin al que se desea llegar con la investigación. Se conoce como objetivo de investigación al conjunto de fines o metas que se propone alcanzar un investigador en un trabajo, proyecto o estudio. Por lo general, los objetivos de investigación están alineados con el campo de conocimiento específico en que está inscrito un trabajo, y buscan ampliar los conocimientos o teorías que se hayan formulado en torno a determinada materia.

"¿Me podrías indicar, por favor, hacia dónde debo dirigirme desde aquí?", **pregunto Alicia**.

"Eso depende en gran parte de a dónde quieras llegar", **dijo el gato**.

"No me importa demasiado a dónde", **respondió Alicia**.

"Entonces, da igual hacia donde te dirijas" **dijo el gato**.

Lewis Carrol: Alicia en el país de las maravillas

Como se ve en el extracto anterior, si no se tiene claro el objetivo, es más probable que no se llegue al objetivo, por lo que, en una investigación se debe formular el objetivo de forma clara, precisa y concreta.

Por lo general, en una investigación se formula un (1) objetivo general y tres (3) objetivos específicos, sin embargo, esto dependerá de la profundidad y el alcance de la investigación, pudiendo las investigaciones tener más objetivos específicos.

6.3.1. Objetivo general

El objetivo general es aquel que se centra en un aspecto global del estudio. En este sentido, es el propósito fundamental de la investigación y donde se expone el resultado final que se pretende alcanzar con la tesis.

El objetivo general es un enunciado que resume la idea central y finalidad de un trabajo. Apuntan a solucionar el problema general determinado en el planteamiento del problema.

El objetivo inicia en verbo infinitivo, el mismo determina el tipo de investigación, sin embargo, el mismo ya se ha definido previamente en la formulación del problema (ver 6.1.), por lo que se debe trabar en el marco del mismo tipo de investigación, por ejemplo: si el problema es descriptivo, el objetivo debe ser descriptivo; si el problema es correlacional, el objetivo debe ser correlacional; así sucesivamente.

A continuación, algunos ejemplos de verbos según tipo de investigación:

Ej. Verbos de acuerdo al tipo de investigación

Exploratorio	Descriptivo	Correlacional	Explicativo

Explorar	Describir	Determinar	Demostrar
Conocer	Identificar	Establecer	Comprobar

Nota. Se recomienda que pueda buscar más verbos de acuerdo al tipo de investigación.

Una vez definido el tipo de investigación pasamos a formular el objetivo general, el mismo inicia con el verbo infinitivo, seguido del problema de investigación redactado en forma afirmativa

Figura 15

Formulación del objetivo

A continuación, algunos ejemplos de objetivo general:

Ejemplo 1

> **Título:** *Dificultades de aprendizaje y rendimiento académico de estudiantes de 1er semestre de la Carrera de Turismo, UMSA*
>
> **Tipo de investigación:** Explicativa
>
> **Problema:** ¿Cómo inciden las dificultades de aprendizaje en el rendimiento académico en los estudiantes de 1er semestre de la Carrera de Turismo, UMSA?
>
> **Objetivo general:** Comprobar la incidencia de las dificultades de aprendizaje en el rendimiento académico en los estudiantes de 1er semestre de la Carrera de Turismo, UMSA

Ejemplo 2

> **Título:** *Dificultades de aprendizaje y rendimiento académico de estudiantes de 1er semestre de la Carrera de Turismo, UMSA*
>
> **Tipo de investigación:** Correlacional
>
> **Problema:** ¿Cuál es la relación de las dificultades de aprendizaje con el rendimiento académico en los estudiantes de 1er semestre de la Carrera de Turismo, UMSA?
>
> **Objetivo general:** Determinar la relación entre las dificultades de aprendizaje y el rendimiento académico en los estudiantes de 1er semestre de la Carrera de Turismo, UMSA

6.3.2. Objetivos específicos

El objetivo específico es aquel que se plantea en función de aspectos más concretos o precisos de la investigación, derivados de los objetivos generales.

Los objetivos específicos detallan los procesos necesarios para alcanzar el objetivo general. Está relacionado con alcanzar o solucionar los problemas secundarios. Son logros parciales que facilitan el control sistemático de la investigación. Sirven como una guía de la manera como será abordado la investigación. Son concretos (por eso su denominación = específico).

Para formular los objetivos específicos, existen verbos infinitivos específicos, los mismos deben estar subordinados al objetivo general, es decir, responde al objetivo general. De ninguna manera el verbo infinitivo puede ser más amplio que el objetivo general.

En una investigación cualitativa, los objetivos específicos se desarrollan a partir de los problemas secundarios. En una investigación cuantitativa los objetivos específicos deben estar en relación a las variables de la investigación (Valderrama, 2018).

Los objetivos específicos tienen que ver con, definir de forma puntual los aspectos que se quieren profundizar en la investigación. Los objetivos específicos por lo general tienen que ver con: diagnostico, variable 1, variable 2 y la validación. Esto puede cambiar de acuerdo a la temática investigada y el nivel de profundidad.

6.4. Justificación de la investigación

En la justificación se expone todas las razones que han motivado a realizar la investigación. Por medio de la justificación se debe demostrar que el estudio es importante y necesario. Responde a la pregunta ¿para qué va servir el estudio que se va desarrollar?

En la justificación para Hernández, *et al.* (2010) se debe tomar en cuenta los siguientes aspectos:

- ✓ Conveniencia

- ✓ Relevancia social

- ✓ Aplicaciones prácticas

- ✓ Valor teórico

- ✓ Utilidad metodológica

Se debe aclarar que, no todas las investigaciones deben considerar todos los aspectos que se mencionan, más al contrario, dependerá de la naturaleza de la investigación, por lo que, en algunas investigaciones sólo se tomará en cuenta algunos elementos.

Figura 16

Elementos para justificación

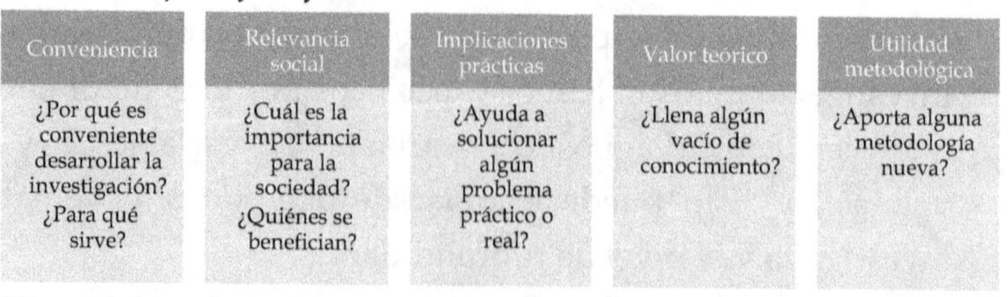

Conveniencia	Relevancia social	Implicaciones prácticas	Valor teórico	Utilidad metodológica
¿Por qué es conveniente desarrollar la investigación? ¿Para qué sirve?	¿Cuál es la importancia para la sociedad? ¿Quiénes se benefician?	¿Ayuda a solucionar algún problema práctico o real?	¿Llena algún vacío de conocimiento?	¿Aporta alguna metodología nueva?

Nota. Elaborado en base a Hernández *et al.* (2010).

A continuación, presentamos un ejemplo tomando en cuenta el

Ejemplo 1: *Valor teórico*

Haciendo una revisión bibliográfica de la temática estudiada, se ha podido advertir que existen algunos estudios que se han desarrollado en el contexto mundial, por ejemplo, se tiene los estudios de… En el contexto nacional, se han desarrollado dos estudios, los cuales son… Los estudios que se han desarrollado en el país son básicos, pues, solamente toman en cuenta algunos aspectos generales de las dificultades de aprendizaje y el rendimiento académico, incluso, no se tiene ningún estudio de la relación que existe de ambas variables identificadas. Por lo que, amerita realizar un estudio que pueda…

6.5. Delimitación de la investigación

Delimitar un tema de estudio significa, enfocar en términos concretos la temática que se está estudiando, se debe especificar sus alcances, determinar sus límites. Es decir, llevar el problema de investigación de una situación o dificultad muy grande de difícil solución a una realidad concreta, fácil de manejar.

En la delimitación de la investigación, al menos se debe considerar los siguiente tres aspectos:

✓ Temática

✓ Espacial

✓ Temporal

En la delimitación temática se hace referencia al aspecto específico del tema que se desea investigar. Responde a, qué aspectos concretos serán estudiados.

La delimitación espacial está referido al área geográfica, es decir, lugar dónde se desarrollará la investigación.

La delimitación temporal hace referencia al periodo o lapso de tiempo del cual se tomará los datos de estudio (ej. 2010 al 2020), o en su caso, se puede especificar el periodo de tiempo en el que se desarrollará la investigación.

A continuación, ejemplos de delimitación:

Ejemplo 1: *Delimitación de la investigación*

o **Temática**

Esta investigación se centrará en el estudio las dificultades de aprendizaje y su relación con el rendimiento académico en estudiantes…

o **Espacial**

El estudio se desarrollará en la Carrera de Turismo de la Universidad Mayor de San Andrés, por lo que, sólo se tomará en cuenta a los estudiantes de esta institución…

o **Temporal**

En este estudio se tomará en cuenta, datos de la gestión

El ejemplo presentado es básico, el mismo se debe ampliar y sustentar del por qué.

6.6. Hipótesis

La hipótesis es una conjetura científica que requiere una contrastación con la experiencia, es decir, es la explicación o solución tentativa al problema estudiado (Bautista, 2009).

Podemos decir que, la hipótesis es un enunciado no verificado, una vez refutado o confirmado dejará de ser hipótesis y sería un enunciado verificado (Dei, s.f.). Refutar significa rechazar la hipótesis.

Las principales funciones de la hipótesis son:

✓ Guiar el estudio

✓ Proporcionar explicaciones

✓ Apoyar la prueba de teorías

¿Todas las investigaciones llevan hipótesis? La respuesta es: NO, ¿entonces de qué depende? Depende del tipo de investigación que se esté desarrollando en una investigación cuantitativa. Una investigación cualitativa no lleva hipótesis, en este enfoque de investigación se sustenta la pregunta de investigación.

Cuando hablamos de tipos de investigación, en la investigación cuantitativa existen los siguientes tipos:

✓ Exploratorio

✓ Descriptivo

✓ Correlacional

✓ Explicativo

A continuación, se muestra la figura en el que se detalla el enfoque de investigación, los tipos de investigación y el tipo de hipótesis que se debe formular de acuerdo al tipo de investigación:

Figura 17

Enfoques de investigación y tipos de hipótesis

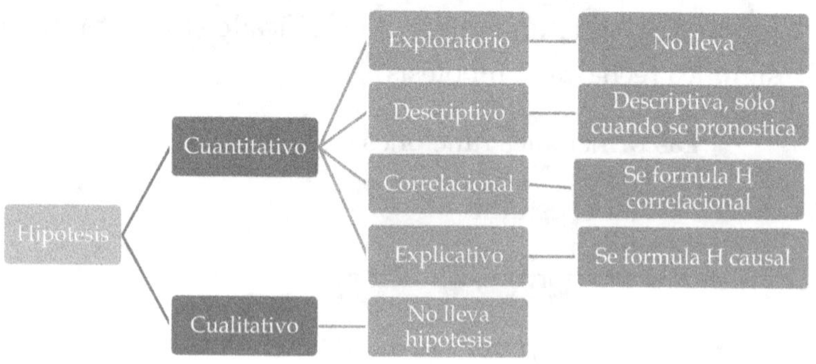

Nota. H hace referencia a la Hipótesis. Elaborado en base a Hernández *et al.* (2010).

Como se puede ver, una investigación de enfoque cualitativo no lleva hipótesis. En una investigación de enfoque cuantitativo de tipo exploratorio tampoco lleva hipótesis, esto se debe a que una investigación es exploratoria, por tanto, no se tiene antecedentes previos referidos de forma directa con la investigación planteada, por lo que, no se puede afirmas o dar una respuesta a priori de la investigación (hipótesis).

Asimismo, cuando es una investigación de tipo descriptivo, puede como no puede llevar hipótesis. Lleva hipótesis cuando la investigación descriptiva predice un hecho, mientras que, no lleva hipótesis cuando no predice (Hernández *et al.*, 2010).

6.6.1. Tipo de hipótesis

Según Hernández *et al.* (2010) la hipótesis que se formulan en una investigación se clasifica en cuatro (4). Cada uno de los tipos de investigación son diferentes, es decir, cada uno tiene ciertos elementos que los caracteriza:

Figura 18

Tipos de hipótesis

De investigación	Nula	Alternativa	Estadísticas
Descriptivas Correlacional Diferencia entre grupos Causales	Igual que hipótesis de investigación	Igual que hipótesis de investigación	De estimación De correlación De diferencia de medidas

Nota. Elaborado en base a Hernández *et al.* (2010).

Estos cuatro tipos de hipótesis: de investigación, nula, alternativa y estadística; cada una de ellas tienen diferentes subtipos de hipótesis y los mismos está acorde al tipo de investigación.

Figura 19

Hipótesis según el tipo de investigación

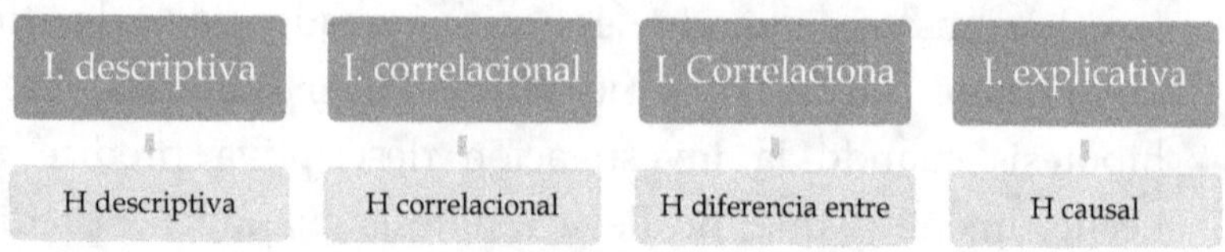

Nota. I. = investigación; H = hipótesis.

Los subtipos definen la forma como debe ser formulado la hipótesis. Si tomamos en cuenta la hipótesis de investigación, nula y alternativa; tenemos los siguientes subtipos y con las siguientes características:

Figura 20

Subtipos de hipótesis

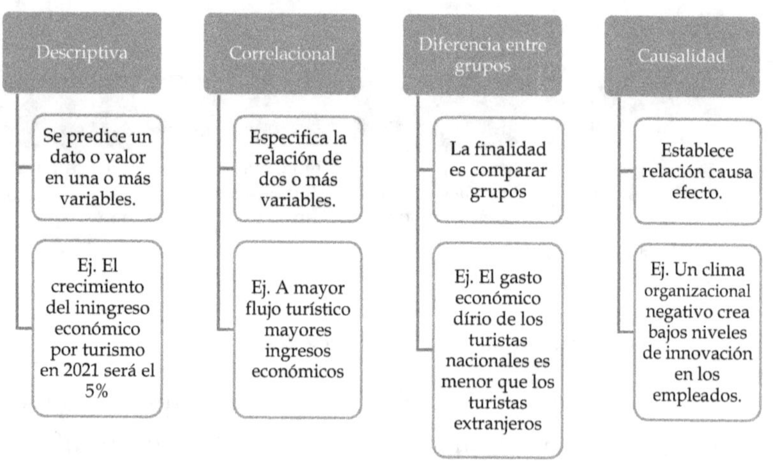

Nota. Elaborado en base a Hernández *et al.* (2010).

Como se puede ver, cada uno tiene sus propias características:

✓ ***Hipótesis descriptiva:*** se formula este tipo de hipótesis cuando la investigación es descriptiva, además, sólo cuando predice un hecho.

✓ *Hipótesis correlacional:* cuando son investigaciones de tipo correlacional.

✓ *Hipótesis de diferencia entre grupos:* cuando son investigaciones correlacionales y/o causales.

✓ *Hipótesis de causalidad:* tiene que ver con investigaciones de tipo explicativa.

Hasta ahora hemos visto hipótesis de investigación, por lo que, ahora veremos la hipótesis nula y la hipótesis alternativa:

✓ *Hipótesis nula:* Son proposiciones que niegan o refutan entre las variables.

✓ *Hipótesis alternativa:* Son posibilidades diferentes o alternas ante la hipótesis de investigación y nula.

A continuación, ejemplos con cada uno de ellos:

Figura 21

Hipótesis de investigación, nula y alternativa

H Investigación	H Nula	H Alternativa
El crecimiento del ingreso económico por turismo en 2021 será el 5%	El crecimiento del ingreso económico por turismo en 2021 **no** será el 5%	El crecimiento del ingreso económico por turismo en 2021 será el 3%

Nota. H = Hipótesis.

6.6.2. Formulación de la hipótesis

Ahora que conocemos los tipos de hipótesis (de investigación, nula, alternativa y estadística), además de formular la hipótesis de acuerdo al tipo de investigación (descriptiva, correlacional, diferencia de grupos y causal), pasamos a formular como ejemplo una hipótesis de investigación, tomando en cuenta el título, problema y el objetivo, debido a que, los elementos mencionados deben tener una relación y consistencia lógica.

Ejemplo 1: *Formulación de la hipótesis*

Título: *Dificultades de aprendizaje y rendimiento académico de estudiantes de 1er semestre de la Carrera de Turismo, UMSA*

Tipo de investigación: Explicativa

Problema: ¿Cómo inciden las dificultades de aprendizaje en el rendimiento académico en los estudiantes de 1er semestre de la Carrera de Turismo, UMSA?

Objetivo general: Comprobar la incidencia de las dificultades de aprendizaje en el rendimiento académico en los estudiantes de 1er semestre de la Carrera de Turismo, UMSA

Hipótesis (causalidad de investigación): Las dificultades de aprendizaje crean bajos niveles de rendimiento académico en los estudiantes de 1er semestre de la Carrera de Turismo, UMSA

En el ejemplo anterior, se ha formulado una hipótesis de causalidad, debido a que la investigación es explicativa, recuerda, que la hipótesis debe estar de acuerdo al tipo de investigación (ver Figura 19).

6.6.3. Variables

Una vez formulado la hipótesis, el siguiente paso es identificar las variables, el mismo nos permitirá comprender mejor lo que estamos investigando, además, nos facilitará realizar la operacionalización de las variables.

Antes de identificar las variables, es necesario definir ¿qué es una variable? La variable se define como, una unidad abstracta que adquiere distintos valores, se refiere a una cualidad, propiedad o característica de personas o cosas en estudio, varía de un sujeto a otro o en un mismo sujeto u objeto en diferentes momentos (Hernández & Mendoza, 2018).

En una tesis las variables se clasifican en: variable independiente, variable dependiente y variable interviniente. Los dos primeros si o si debe ir en una investigación, eso significa que una investigación debe tener al menos dos variables (ver Unidad 5), salvo algunas investigaciones de tipo descriptivo que llevan sólo una variable.

✓ *Variable independiente (V$_i$):* Fenómeno a la que se le va evaluar su capacidad de influir o incidir en otras variables. Es decir, esta variable es la *causa*, por tanto, el efecto se mide en otro variable (V$_d$).

✓ ***Variable dependiente(V_d):*** Cambios que sufre como consecuencia de la manipulación de la variable independiente (la otra variable). Esta variable es la que cambia, por tanto, los cambios se miden en esta variable.

✓ ***Variable interviniente:*** Son aquellas propiedades o características que, de una u otra manera afecta al resultado esperado, vale decir, la variable interviniente afecta en el resultado que se mide en la Variable dependiente, como ser: clima, horario, instrumentos, etc.

Una tesis tiene una consistencia lógica entre el: título, problema, objetivo y la hipótesis, por tanto, en cada uno de los elementos se encuentra la variable. El título de una tesis debe contener al menos dos variables (ver Unidad 5), con excepción de algunas investigaciones, las mismas variables se encuentran en los otros elementos.

La primera variable se obtiene a partir de la respuesta a la pregunta ¿Qué?, la segunda variable se obtiene a partir de la identificación de: Causa, Efecto y/o Aporte, es decir, el elemento que se tome en cuenta para el título es la segunda variable.

A partir de la siguiente hipótesis, identificamos las variables:

H$_i$: *Las dificultades de aprendizaje crean bajos niveles de rendimiento académico en los estudiantes de 1er semestre de la Carrera de Turismo, UMSA*

Ahora recordamos (ver apartado 5.2.):

Causa (CEA): Dificultades de aprendizaje

¿Qué?: Rendimiento académico

Ahora, ¿cuál es la variable independiente y la variable dependiente?

La Variable independiente es la causa, es decir aquello que se obtiene a partir de identificar la Causa, Efecto y/o Aporte (CEA). La variable dependiente es la respuesta a la pregunta ¿Qué?

Ejemplo 1: *Variables de la tesis*

> *Variable independiente (V_i):* Dificultades de aprendizaje
>
> *Variable dependiente(V_d):* Rendimiento académico

Si analizamos, el rendimiento académico depende de las dificultades de aprendizaje, mayor dificultad de aprendizaje = rendimiento académico deficiente.

6.1. Operacionalización de las variables

Una vez identificada las variables, el siguiente paso es realizar la operacionalización de las variables, y ¿qué es la operacionalización? La operacionalización es un proceso en el que, las variables que son abstractas son transformadas en términos concretos, observables y medibles (Bautista, 2009).

Por lo general, la operacionalización de las variables se realiza en una tabla, el mismo contiene los siguientes elementos: variable, definición conceptual, definición operacional, dimensiones e indicadores, pudiendo esta tabla ser diferente, en algunos casos inician con el objetivo o la hipótesis, también (en otros casos) se agrega algunas columnas como de: *ítem* u otro. La estructura de la tabla de operacionalización dependerá de la temática que se está investigando y del investigador, tomando en cuenta la funcionalidad de la misma.

Tabla 2

Operacionalización de variables

Viable	Definición conceptual	Definición operacional	Dimensiones	Indicadores
V_i				
V_d				

Nota. Esta tabla puede tener algunas modificaciones o variaciones, dependerá mucho del investigador.

Para poder realizar la operacionalizacion se toma en cuenta todas las variables tal como se observa en el cuadro anterior:

- ✓ *Variables:* se debe escribir las dos variables de la investigación (independiente y dependiente).

- ✓ *Definición conceptual:* se define conceptualmente cada variable, la definición lo podemos realizar en base a diferentes fuentes como: libros, diccionario, etc. se puede presentar de forma textual o parafraseada.

- ✓ *Definición operacional:* hace referencia a la forma de medición de la variable, es decir, cómo será medido la variable.

✓ ***Dimensiones:*** son los elementos en los que se descompone o desagrega una variable compleja, de tal forma que pueda ser medida. La dimensión se obtiene a partir de la definición conceptual de cada variable.

✓ ***Indicadores:*** es el valor observado de la variable por medio de las dimensiones; el indicador establece la forma cómo será medido cada una de ellas. Cada dimensión tiene su indicador.

A continuación, un ejemplo de operacionalización de variables:

H$_i$: *Las* dificultades de aprendizaje *crean bajos niveles de* rendimiento académico *en los estudiantes de 1er semestre de la Carrera de Turismo, UMSA*

Viable	Definición conceptual	Definición operacional	Dimensiones	Indicadores
Dificultades de aprendizaje	Es un término genérico que se refiere a un grupo heterogéneo de trastornos, manifestados por dificultades significativas en la adquisición y uso de la capacidad para entender, hablar, leer, escribir, razonar o para las	Será medido a través del test de detección de dificultades de aprendizaje.	Atención	Nivel de atención
			Habla	Facilidad de comunicación y fluidez
			Razonamiento	Capacidad de razonamiento
			Lectura	Palabras por minuto y capacidad de retención
			Escritura	Ortografía y

	matemáticas.			gramática
Rendimiento académico	Hace referencia a la evaluación del conocimiento adquirido en el ámbito escolar, terciario o universitario.	Será medido mediante una prueba evaluativa escrita y otra mediante una prueba oral.	Conocimiento escolar	Calificaciones
			Conocimiento terciario	Calificaciones

UNIDAD 7: MARCO TEÓRICO

7.1. Marco teórico

Es una de las fases más importantes de un trabajo de investigación, consiste en desarrollar la teoría que va a fundamentar o sustentar la tesis, con base al planteamiento del problema de la investigación.

En la construcción del marco teórico se debe elaborar un escrito que tenga coherencia interna, secuencial y lógica, utilizando citas de los párrafos de teorías, o trabajos anteriores que sirvan a los fines de darle sustento al trabajo de investigación (Gallud, 2015).

La estructura del marco teórico al menos está constituida por los siguientes tres elementos:

✓ Antecedentes / estado del arte

✓ Fundamentación teórica

✓ Marco conceptual

Adicionalmente y dependiendo de la temática que se esté investigando, puede contener los siguientes apartados:

✓ Marco histórico

✓ Marco institucional

✓ Marco normativo

✓ Otro

A continuación, desarrollamos cada uno de los apartados del marco teórico:

7.1.1. Antecedentes / estado del arte

Antecedentes o estado del arte, hace referencia a la revisión y análisis de otros trabajos relacionados con la temática que se está estudiando. Los trabajos deben ser originales, es decir, tesis o artículos científicos y no así otras fuentes secundarias.

Por lo general se debe agregar al menos cinco (5) investigaciones nacionales y cinco (5) investigaciones internacionales como mínimo, pudiendo ser más. Estas investigaciones, en lo posible deben ser de los últimos cinco (5) años, esto principalmente porque, el conocimiento científico es dialectico, está en constante desarrollo, por lo que, algunas investigaciones quedan obsoletas con el paso de los años.

Muchos arguyen de que no encuentran investigaciones en su área, en ese caso deben ser investigaciones relacionados de forma indirecta. En algunos casos, se tiene dificultad de acceso o de búsqueda de información, para ello se recomienda revisar la Unidad 1 sección 1.5.

Para la revisión y redacción de los antecedentes o el estado del arte, se recomienda tomar en cuenta de una investigación los siguientes elementos:

✓ Datos del autor

✓ Año de publicación

✓ Título

✓ Objetivos

✓ Metodología

✓ Resultados

✓ Conclusión

En base a estos siete (7) elementos se debe desarrollar los antecedentes. Cada investigación consultada, se debe desarrollar en un solo párrafo como si fuera un resumen.

Ej. Estado del arte

Mattioli y Frank (2016) en su estudio titulado estrategia para el desarrollo sostenible desde el aprovechamiento geotérmico. Departamento Iglesia - Provincia San Juan. Es una investigación cuyo objetivo es, exponer una estrategia turística que permita, desde la valoración y aprovechamiento geotérmico, reducir costos ambientales y económicos. La metodología se basa en un relevamiento de campo que permite diagnosticar los diferentes puntos de afluencia termal en relación a sus condiciones geotérmicas, reconociendo los recursos patrimoniales-turísticos del área de estudio. Como resultado, presenta lineamientos para concretar la estrategia turística como alternativa viable, que aprovecha el potencial geotérmico destinado a balneoterapia complementariamente con los diferentes recursos patrimoniales. Se considera al turismo alternativo y al potencial geotérmico en relación intrínseca y la comunidad como verdaderos agentes del desarrollo para la conservación patrimonial diversificando la oferta turística y la inclusión comunitaria. Finalmente, como conclusión del trabajo tenemos, la sostenibilidad ambiental en el largo plazo y el suministro energético, podrá definir decisiones e inversiones conscientes, que beneficien a la población tanto en la generación de oportunidades laborales como en la reducción de la matriz energética. Esta estrategia que permite la complementariedad con las localidades vecinas permite pensar a futuro desde la noción de eficiencia energética, cuidado y educación ambiental como también de conservación y preservación patrimonial.

7.1.2. Fundamentación teórica

La fundamentación teórica es la descripción detallada de cada uno de los elementos esenciales de la teoría que sustenta la investigación que se está desarrollando (Gallud, 2015). La fundamentación teórica está relacionada con el problema de investigación y su solución, por lo que, es una deducción lógica de ella.

La teoría se define como "estructuras del conocimiento que agrupan tesis, supuestos principios, leyes científicas, que buscan la comprensión de la realidad y explicarla" (Ñaupas *et al.*, pág. 61). En una definición amplia, podemos decir que la teoría es un conjunto de conocimientos acumulados, organizados de forma lógica y deductiva, que permiten sustentar el fenómeno estudiado.

Para desarrollar la fundamentación teórica, se debe considerar los siguientes pasos:

✓ Evaluar toda la información que existe.

✓ Elaborar un esquema

✓ Desarrollar el esquema, tomando en cuenta las citas (textual o parafraseada).

Para desarrollar el sustento teórico, se debe revisar diferentes fuentes, del cual se obtiene información para sustentar el problema estudiado. Posteriormente elaboramos el esquema de este apartado, para ello se toma en cuenta la operacionalización de las variables:

Ej. Estructura de la fundamentación teórica

<pre>
1.Variable 1
   1.1. Dimensiones
       1.1.1. Indicadores
2. Variable 2
   2.1. Dimensiones
       2.1.1. Indicadores
</pre>

La estructura y el contenido de la fundamentación teórica tiene que ver de forma directa con las variables de investigación, las dimensiones y los indicadores, lo mismos se obtienen de la operacionalización de las variables.

Una vez definida la estructura, se pasa a desarrollar la fundamentación, para el mismo, se toma en cuenta diferentes fuentes (teorías) que permitan sustentar, fundamentar y explicar el problema estudiado.

Ej. Marco teórico: Teoría cognoscitiva del aprendizaje

> Con base en las teorías y modelos de aprendizaje provenientes de las ciencias cognitivas, el enfoque cognitivista privilegia el estudio de procesos complejos como el del pensamiento, la solución de problemas, el lenguaje, la formación de conceptos y el procesamiento de la información (Snelbecker, 1983 citado por Ertmer, 1993).
> Para Bruner (1962), la meta de la enseñanza es desarrollar la comprensión general de la estructura de un área de conocimiento, con énfasis en la formación de conceptos…

7.1.3. Marco conceptual

En el marco conceptual se define con términos precisos las variables contempladas en el problema y en el objetivo de investigación, y de los términos claves que son utilizados con mayor frecuencia en el trabajo de investigación. Para el desarrollo de este apartado, se toma en cuenta diferentes fuentes bibliográficas (libros, diccionario, etc.). Es importante que se desarrolle de forma correcta las citas textuales y parafraseadas.

Ej. Marco conceptual: Producto Interno Bruto

> Conjunto del valor de todos los bienes y servicios finales producidos en una economía durante un periodo determinado, que puede ser trimestral o anual. El PIB puede ser clasificado como nominal o real. En el primero, los bienes y servicios finales son valuados a los precios vigentes durante el periodo en cuestión, mientras que en el segundo los bienes y servicios finales se valúan a los precios vigentes en un año base (Centro de Investigación y Docencia Económicas, 2004).

Los demás apartados como: marco histórico, marco legal, marco institucional u otro (si es que se incluye) debe realizarse de la misma manera, con citas textuales, citas parafraseadas y argumentos que surjan a partir de la revisión bibliográfica. Es importante que las citas bibliográficas (textual y parafraseada) se desarrollen de forma correcta, caso contrario sería plagio y eso es un delito penado por ley.

Se recomienda que el capítulo de marco teórico de una tesis de pregrado debe tener una cantidad de 25 páginas (aproximadamente), en el caso de las tesis de posgrado, se recomienda alrededor de 35 páginas (aproximadamente). Recuerda, debe ser puntual, lo más relevante y principalmente que sustente o argumente la investigación que se está desarrollando.

UNIDAD 8: MARCO METODOLÓGICO

8.1. Marco metodológico

El marco metodológico es la explicación de los mecanismos utilizados para el análisis de la problemática de investigación. Es el resultado de la aplicación, sistemática y lógica, de los conceptos y fundamentos expuestos en el marco teórico. Es importante comprender que la metodología de la investigación es progresiva, por lo tanto, no es posible realizar el marco metodológico sin las fundamentaciones teóricas que van a justificar el estudio del tema elegido (Muñoz, 2011).

La metodología es el camino que se sigue para llegar al objetivo que se plantea en la investigación. Y tiene una estructura (genérico), sin embargo, el mismo puede cambiar de acuerdo al enfoque de investigación, así también, según la institución donde se esté desarrollando.

Figura 22
Metodología

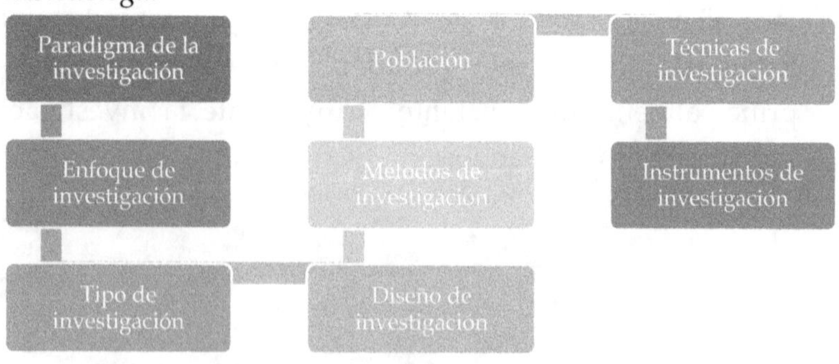

Nota. Puede variar de acuerdo al enfoque de investigación.

8.1.1. Paradigma

Los paradigmas son creencias, procedimientos, modelos, patrones, reglas, etc. que definen la forma de realizar ciencia. Los paradigmas defines las fronteras y define como comportarse en ella (Salgado, 2018).

Existen tres paradigmas: positivista, interpretativo y sociocrítico, para más detalles ver Unidad 2 (2.5.) en el que se detalla cada uno.

Figura 23

Paradigmas de la investigación

Generalmente, una tesis de posgrado es el incluye este apartado, en la cual se debe explicar y sustentar el paradigma en el que se ha enmarcado el investigador para realizar la tesis.

Ej. Paradigma

> El presente trabajo se ha desarrollado desde el paradigma positivista. Este paradigma permite describir, explicar y predecir la temática estudiada, generando y probando teorías que sustentan esta investigación. Asimismo, este paradigma permitió describir las variables y explicar sus cambios y movimientos que se han dado según el diseño planteado en esta investigación (Hernandes *et al.*, 1998)

8.1.2. Enfoque

El enfoque de investigación tiene que ver con la naturaleza de la investigación y se clasifica en: cuantitativo y cualitativo, y la combinación entre estos enfoques tenemos el enfoque mixto (Hernandes *et al.*, 1998).

Figura 24

Enfoques de investigación

Los enfoques de investigación derivan de los paradigmas y cada uno tiene sus propias características (ver Unidad 2, apartado 2.6.).

Ej. Enfoque de investigación

La investigación se ha realizado desde el enfoque cuantitativo. El uso de este enfoque permitió realizar el estudio con mayor profundidad y de manera completa, pudiendo generalizar los resultados, además de tener el control del fenómeno estudiado y la comparación de los mismos con otros trabajos. Este estudio se basó en la medición numérica y análisis estadístico de la información que se ha obtenido en el trabajo de campo (Hernándes *et al.*, 2010).

8.1.3. Tipo

Los tipos de investigación están de acuerdo al enfoque de investigación (cuantitativo / cualitativo), es así como tenemos los siguientes tipos de investigación:

Figura 25

Tipos de investigación

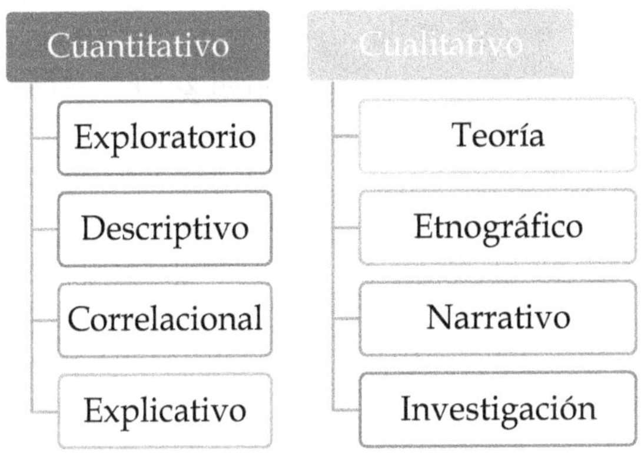

Nota Elaborado en base a Hernández *et al.* (2010).

Ej. Paradigma

> En cuanto al alcance, la investigación se ha desarrollado de tipo descriptivo, porque en la investigación se describe el desarrollo y la situación actual de las competencias básicas de TIC en docentes y estudiantes, para lo cual, se recogió información o datos necesarios para el análisis de esta investigación (Hernándes, *et al.*, 2010).

8.1.4. Diseño

Una investigación cuantitativa puede ser de diseño experimental o no experimental, mientras que, en una investigación cualitativa no, es decir, sólo en las investigaciones cuantitativas se puede desarrollar de esta forma.

Investigación *experimental* es una situación en el que se controla o manipula de manera intencional una o más variables, esto con el fin de analizar las consecuencias de la manipulación. Mi

Figura 26

Diseño experimental

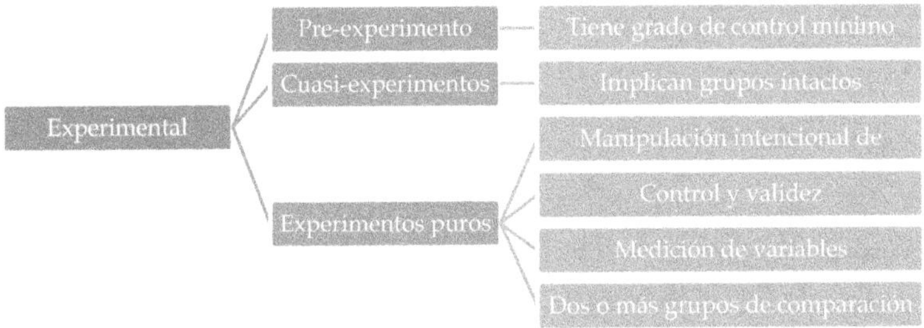

Nota. Elaborado en base a Hernández *et al.* (2010).

Cuando se realiza una investigación en el diseño experimental, al momento de la redacción debe especificar si es pre-experimento, cuasi-experimento o experimento puro, recuerda que cada uno tiene características propias.

Un estudio de diseño no experimental se realiza sin la manipulación de las variables, en el que sólo se observa el fenómeno estudiado en su ambiente natural para sus análisis, el investigador no realiza ninguna manipulación intencional de las variables que se estudia.

Figura 27

Diseño no experimental

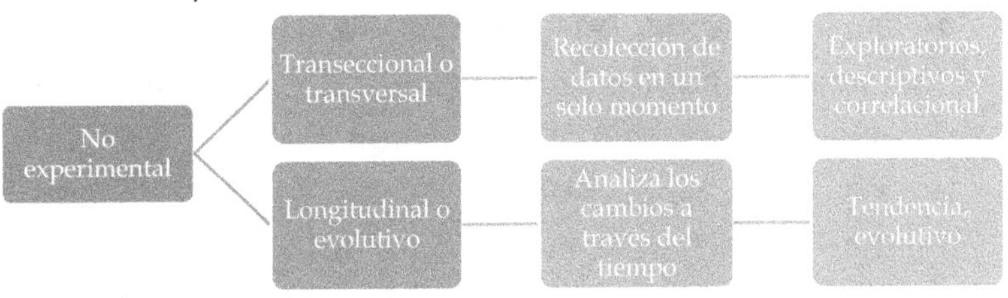

Nota. Elaborado en base a Hernández, *et al.* (2010).

De la misma forma, cuando se realiza una investigación no experimental, se debe especificar si la investigación es transeccional longitudinal, tomando en cuenta que, cada uno tiene su procedimiento propio de investigación.

A continuación, ejemplo de diseño de una investigación:

Ej. Paradigma

El diseño de la investigación que se ha empleado en esta investigación es no experimental transeccional, porque esta investigación se centró en evaluar el nivel de competencias básicas en TIC por parte de los docentes, para lo cual, se recolectó información en un solo momento, siendo el propósito describir las variables y analizar los mismos para determinar su incidencia en la educación superior (Hernándes *et al.*, 2010).

8.1.5. Métodos

Conocido como método teórico, permite al investigador construir el objeto de estudio, para el mismo, define el camino que seguirá en el desarrollo de la investigación hasta su conclusión. El procedimiento de la investigación es producto del método elegido, esto conlleva la revisión bibliográfica, hemerográfica, documental, internet, etc. además, de instrumentos como: la entrevista, encuesta, grupo focal, observación, entre otros. Por lo que, todos los procedimientos utilizados en la investigación, permite construir y desarrollar el conocimiento científico (Mamani, 2015).

Los métodos se pueden clasificar de diferentes formas, sin embargo, en una tesis (generalmente) se utiliza el método teórico, y estos pueden ser:

✓ Análisis y síntesis

✓ Inducción y deducción

✓ Hipotético-deductivo

✓ Análisis histórico y lógico

Ej. Paradigma

> Con la finalidad de estudiar el proceso de investigación casos particulares respecto a la vulneración de los Derechos Humanos en las Instituciones Públicas y el conocimiento de los estudiantes de la facultad de Derecho, para llegar en definitiva a determinar generalizaciones y demostrar cuán importante reviste una formación académica en la temática de Derechos Humanos, se ha utilizado el método inductivo…

8.1.6. Población y muestra

La población conocida también como el universo, es el conjunto finito o infinito de personas u objetos con elementos y características comunes, de los que se desea conocer algo en la investigación. En una investigación, la población está dada por el problema y el objetivo del estudio (Bautista, 2009).

A partir de la población o universo se define la muestra del estudio. La muestra es el subconjuto representativo de la población o el universo, en la muestra se llevará a cabo la investigación.

Para determinar la muestra se sigue ciertos procedimientos, a esto se llama *muestreo*. El muestreo puede definirse de forma probabilística y no probabilística, y esto ¿de qué dé depende? De las características de la población y el enfoque de investigación en el que se esté desarrollando.

Figura 28
Muestreo

Nota. Elaborado en base a Hernández *et al.* (2010).

o   Muestreo probabilístico

En una investigación cuantitativa (generalmente) la muestra se define de forma probabilística, para lo cual se requiere una población y esta puede ser infinita o finita. Infinita cuando no se conoce la cantidad de la población, y finita cuando se conoce la cantidad de la población. Para cada uno existe una fórmula para calcular la muestra.

✓ Para la población infinita:

$$n = \frac{Z^2 * p * q}{d^2}$$

Dónde:

- n = muestra

- Z = nivel de confianza

- p = probabilidad de éxito, o proporción esperada

- q = probabilidad de fracaso

- d = precisión (error máximo admisible en términos de proporción)

✓ Para la población finita:

$$n = \frac{N * Z^2 * p * q}{d^2 * (N - 1) + N * Z^2 * p * q}$$

Donde:

- n = muestra

- N = tamaño de la población

- Z = nivel de confianza

- p = probabilidad de éxito, o proporción esperada

- q = probabilidad de fracaso

- d = precisión (error máximo admisible en términos de proporción).

Para reemplazar los datos y calcular la muestra es neceario conocer y tener los datos o valores de probabilidad de la Tabla de Z.

En algunas investigaciones es necesario realizar la estratificación. La estratificación es un proceso en el que la muestra se separa en segmentos mucho más específicos, por ejemplo, por grupos etarios, género, nivel de formación, etc.

Para estratificar la muestra se utiliza la siguiente fórmula:

$$n_i = n * \frac{N_i}{N}$$

Donde:

- n = Muestra

- N = Población

- N_i = Estrato

o **Muestreo no-probabilístico**

El muestreo no probabilístico (generalmente) se utiliza en una investigación cualitativa, o cuando la cantidad de la población es reducida (manejable).

En una investigación cualitativa, la muestra se puede determinar durante o después de la inmersión inicial en la investigación, esta muestra se puede ajustar en cualquier momento, la cantidad de la muestra depende del propósito de la investigación (Hernández *et al.*, 2010).

Figura 29

Muestra no probabilística

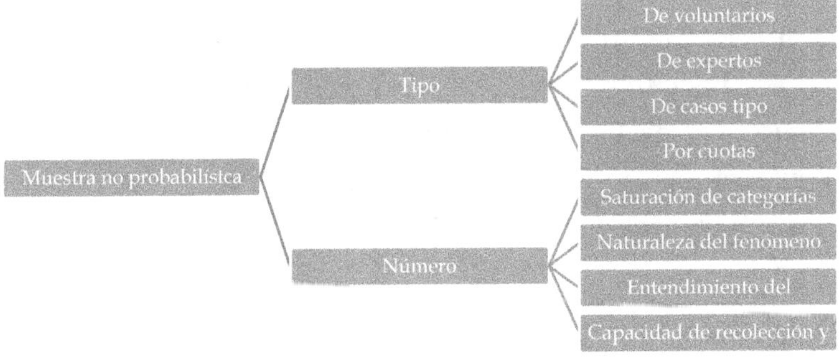

Nota. Elaborado en base a Hernández *et al.* (2010).

Como se observa en la figura, el tipo me muestra puede ser de: voluntarios, de expertos, de casos tipo o por cuotas. En cuanto a la cantidad, el mismo puede ser: por saturación de categorías, naturaleza del fenómeno estudiado, entendimiento del fenómeno estudiado y finalmente, puede ser por la capacidad de recolección o análisis del investigador.

En la redacción de la tesis, en la primera parte se debe identificar la población o las poblaciones, cada uno de ellos debe estar identificado de manera muy específica. Posteriormente, se realiza el proceso de muestreo y con eso identificar la muestra de cada población.

8.1.7. Técnicas

Implica elaborar un plan detallado de procedimientos que conduzcan a reunir los datos que permitan comprobar el grado de validez de la hipótesis. Los datos se recolectan de la muestra seleccionada, la cual contiene, teóricamente, las mismas características que se desean investigar en la población de interés.

Se entenderá por técnica de investigación, el procedimiento o forma particular de obtener datos o información, por lo que, cada enfoque de investigación tiene sus propias técnicas de investigación y estos a su vez, su propia herramienta. Una técnica necesariamente tiene su propia herramienta (ver 8.1.8.).

Figura 30

Técnicas de investigación cuantitativa y cualitativa

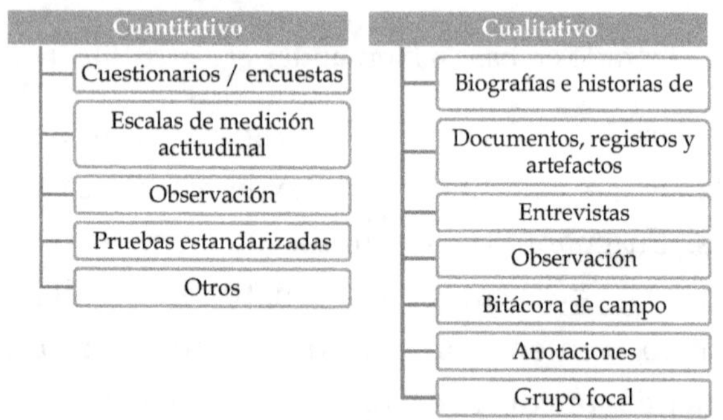

Nota. Elaborado en base a Hernández *et al.* (2010).

Todo lo descrito en la figura, son algunos o las principales técnicas que se utilizan para la recopilación de datos en el trabajo de campo. Asimismo, una investigación puede requerir de varias técnicas a la vez para la recolección de datos.

8.1.8. Instrumentos

Un instrumento de recolección de datos es cualquier recurso, dispositivo o formato (en papel o digital), que se utiliza para obtener, registrar o almacenar información obtenido en el trabajo de campo.

El instrumento depende de la técnica que se utiliza en una investigación, es decir, cada técnica tiene su instrumento.

Ej. Técnica e instrumento

<table>
<tr><td>

✓ **Técnica**
Encuesta

✓ **Instrumento**
Formulario de encuesta

</td></tr>
</table>

Para cada técnica se debe detallar el instrumento, por lo que. Los instrumentos deben estar adjuntos en anexos, la invitación se debe realizar en este apartado para que revisen los anexos y verificar los instrumentos que se detallen.

En este apartado, no es sólo mencionar, más al contrario, se debe desarrollar todos los instrumentos, como ser:

✓ Encuesta

✓ Entrevista

✓ Cuadro de observación

✓ otros

Los instrumentos pueden ser estructurados o semi-estructurados, esto dependerá del instrumento que se esté desarrollando.

Para desarrollar los instrumentos se debe cumplir con estos tres criterios:

- ✓ Confiabilidad

- ✓ Validez

- ✓ Objetividad

La confiabilidad hace referencia al grado de producción de resultados por el instrumento, y que los mismos sean coherentes y de acuerdo al requerimiento de la investigación. La validez, tiene que ver que efectivamente el instrumento mida las variables que se está analizando en la investigación. Finalmente, la objetividad hace referencia a las tendencias y sesgos que se puede dar a partir del investigador (Hernández *et al.*, 2010).

Por otro lado, para la validez del instrumento, se realizar la validación de expertos, también puede utilizarse la prueba piloto (ensayo o experimento), el mismo consiste en aplicar el instrumento a sujetos u objetos de estudio que tengan las mismas características que la muestra identificada, pero que el mismo no será tomada en cuenta para la investigación final. La prueba piloto sirve para validar el instrumento, en el que se verifica que las preguntas o el instrumento en sí sea el adecuado para la investigación.

Una vez realizada la prueba piloto, se tabula y analiza los resultados, esto permitirá mejorar, adecuar o sustituir el instrumento, además de validar el instrumento, es decir, que el instrumento realmente cumpla con los objetivos de la investigación.

UNIDAD 9: ANÁLISIS E INTERPRETACIÓN DE LOS RESULTADOS

El análisis e interpretación de los resultados es producto de la investigación de campo. Los datos que se obtienen en el trabajo de campo, se deben procesar, analizar, interpretar y presentar como resultados.

Para el análisis e interpretación se sigue ciertos criterios, además de utilizar herramientas adecuadas. Todo eso depende del enfoque de investigación en el que se esté desarrollando la investigación.

De forma general, el procedimiento que se sigue para el análisis e interpretación de los resultados, es el siguiente:

- ✓ Selección del programa

- ✓ Evaluación de los datos

- ✓ Contrastación de los datos con las variables de estudio

- ✓ Tabulación de los resultados

- ✓ Procesamiento

- ✓ Análisis adicional

- ✓ Presentación de los resultados

Este proceso se desarrolla de forma secuencial, y permite desarrollar el análisis e interpretación adecuada, además de facilitar el trabajo. Dependiendo del enfoque de investigación, podría tener alguna variación este proceso.

9.1. Resultados en investigación cuantitativa

De acuerdo al enfoque de investigación, la presentación de los resultados cuantitativos es numérico, para lo cual, por lo general, se utiliza algún programa informático para la tabulación, análisis e interpretación de los resultados.

Los programas más comunes son:

✓ SPSS

✓ Minitab

✓ SAS

✓ STATS

✓ Excel

De todos estos programas, los más utilizados son el SPSS y el Excel, en lo particular, recomiendo el uso del SPSS, por su facilidad de manejo y las funcionalidades que el mismo ofrece, como el cruce de variables.

9.1.1. Análisis cuantitativo

El análisis de datos cuantitativos puede ser: descriptiva o inferencial, esto dependerá del tipo, diseño y técnicas empleadas en la investigación; además, del conocimiento y manejo de estadísticas descriptiva e inferencial por parte del investigador.

Cada uno tiene características particulares, que, por lo general, en una tesis se analizan los resultados de forma descriptiva.

✓ Análisis descriptivo

Figura 31
Análisis descriptivo

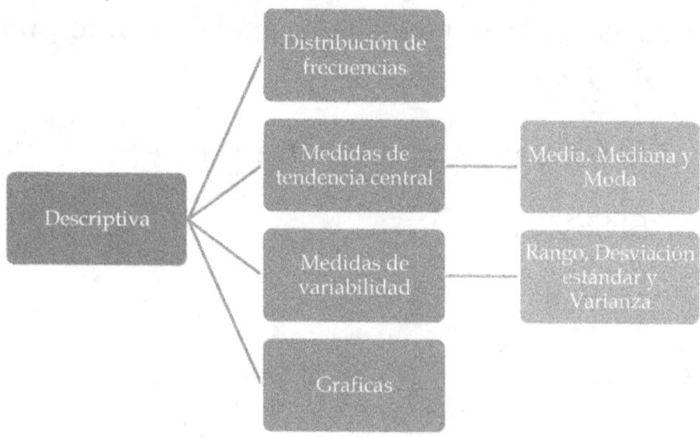

Nota. Elaborado en base a Hernández *et al.* (2010).

✓ Análisis inferencial

Figura 32
Análisis inferencial

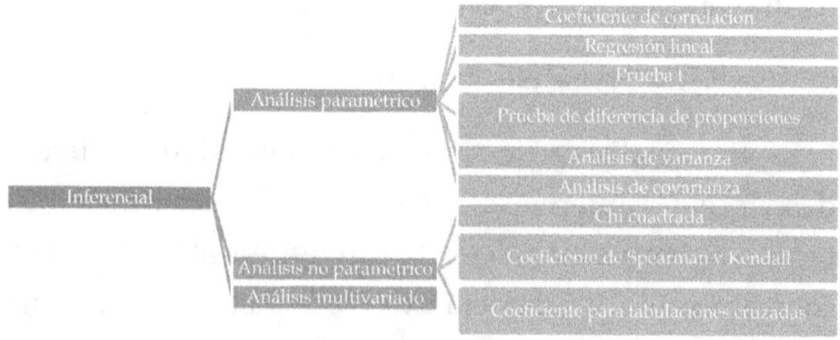

Nota. Elaborado en base a Hernández *et al.* (2010).

9.1.2. Resultados cuantitativos

La presentación de los resultados está en función a las variables y las dimensiones de la investigación, el mismo se desarrolla en la operacionalización de las variables (ver sección 6.1.).

El resultado inicia con una pequeña introducción, posteriormente se presentan los resultados en texto y gráficos. Se recomienda separar por subtítulos y no por preguntas. Los subtítulos deben responder a las variables y dimensiones de la investigación.

Existen diferentes formas de presentar gráficamente los resultados. Los gráficos dependen de los resultados o la variable que se esté analizando. Entre las principales formas están: barras, tortas, histogramas, radial, lineal, etc.

Figura 33

Figuras para presentación de resultados

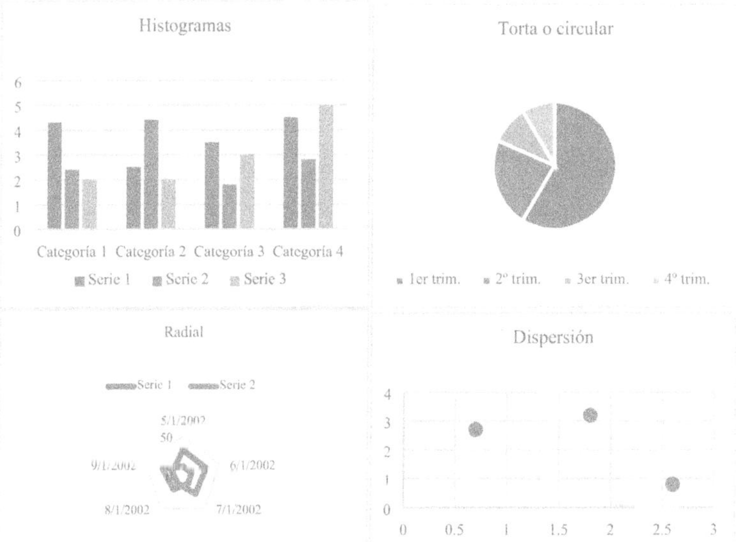

A continuación, presentamos un ejemplo de presentación de resultado cuantitativo (descriptivo):

Ej. Presentación de resultado cuantitativo

Por lo que respecta a prueba redacción en inglés, los resultados son inferiores en líneas generales a los del apartado anterior y las diferencias entre las medias de los grupos son ligeramente superiores. Así, mientras el grupo Empresariales obtiene una media de 1,94, ADEM alcanza el 2,53 y Filología el 3,19, dando una valoración media global de 2,45. También en términos generales podemos observar en la siguiente figura que la mayor parte de los sujetos han obtenido una valoración de 2 en sus redacciones en inglés. Además, a diferencia de la tendencia en la prueba Redacción en castellano, vemos cómo la suma de los porcentajes de sujetos que obtienen una valoración 2 y 3 alcanza el 69,80% de la muestra. Este dato indica una tendencia media–baja en la prueba.

Figura 1

Valoración global de la prueba redacción en inglés

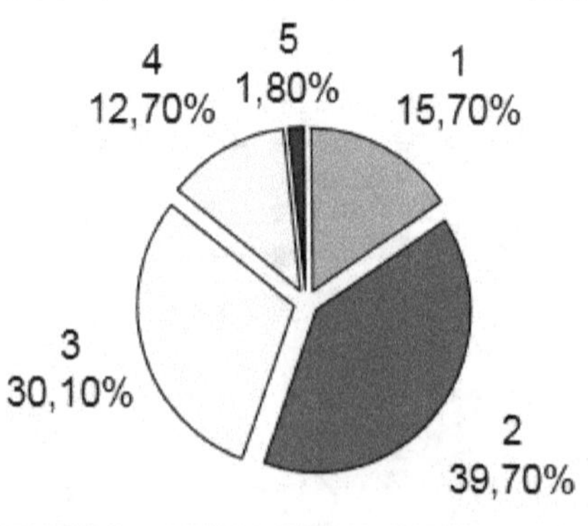

Importante, la interpretación del gráfico, siempre debe ir en el párrafo que antecede.

9.2. Resultados en investigación cualitativa

La presentación de los resultados cualitativos es diferente que una investigación cuantitativa. Los resultados de la investigación cualitativa responden a las categorías de análisis.

Por lo general (anteriormente), el proceso de análisis, interpretación y presentación de los resultados se realiza de forma manual, sin utilizar ningún programa o paquete informático, esto conlleva mucho tiempo, por lo que, recomiendo utilizar el programa ATLAS.ti, el mismo permite y facilita desarrollar todo este proceso de forma fácil y práctica.

El análisis, interpretación y presentación de los resultados cualitativos, según Hernandes *et al.* (2010) dependen de:

✓ Las razones de estudio

✓ Usuarios y lectores

✓ El contexto de la investigación

Asimismo, Hernandes *et al.* (2010) sostiene que, los elementos para el análisis, interpretación y presentación de los resultados cualitativos son los siguientes:

✓ Descripción narrativas

✓ Soporte de categorías

✓ Relación entre categorías

✓ Elementos gráficos

Para poder desarrollar el análisis, interpretación y presentación de los resultados cualitativos, se recomienda utilizar el siguiente cuadro:

Categoría	Teoría	Espacio empírico	Aspectos que difieren	Aspectos que concuerdan	Síntesis

Este cuadro facilita el desarrollo de la interpretación de los resultados. En su defecto, se puede utilizar el ATLAS.ti para el análisis de los resultados.

La presentación de los resultados puede ser puro texto o con gráficos. Los gráficos pueden ser de las categorías que se están analizando, o puede ser, algunos que se desarrollan a partir de ATLAS.ti como: redes, nube de palabras, etc.

Figura 34

Ejemplo de presentación de redes en ATLAS.ti

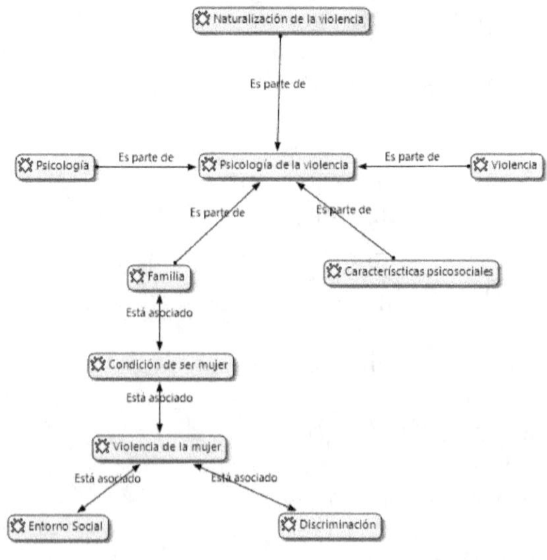

Figura 35

Ejemplo de presentación de nube de palabras en ATLAS.ti

A continuación, presentamos un ejemplo de presentación de resultados en investigación cualitativa:

Ej. Presentación de resultado cualitativo

El término *huaca* (Wak'a en aymara) constituye un importante concepto andino, común a las principales lenguas de los Andes, el quechua y el aymara. En las crónicas, documentos jurídicos tempranos y los datos recopilados en el trabajo se campo, se usa ampliamente el término para describir una variedad de lugares y objetos naturales...

Los anteriores análisis del término había sido, en el mejor de los casos, bastante preliminares y limitados o, como lo califica Gouchte (1990) "superficiales"...

UNIDAD 10: APARTADOS COMPLEMENTARIOS DE UNA TESIS

10.1. Discusión

Este apartado se exige (generalmente) en tesis de posgrado, en algunos casos, también se desarrolla en tesis de pregrado. La discusión conocida también como la triangulación, responde a la confrontación o contrastación de los resultados con otras investigaciones.

Se llama triangulación, porque se confronta estos tres elementos:

✓ Objetivos y resultados de la investigación

✓ Antecedentes de la investigación

✓ Sustento teórico

Este proceso consiste en, comparar los objetivos y resultados de la investigación con antecedentes de la investigación, es decir, con estudios previos a la investigación. Posteriormente, se hace la discusión de los resultados con las teorías existentes y referidos a la temática.

Todo este proceso se debe desarrollar por cada objetivo, es decir, del objetivo general y de los objetivos específicos.

Figura 36

Proceso de discusión

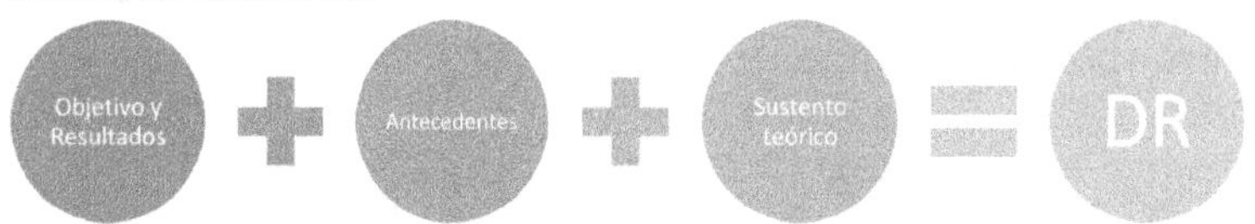

Nota. DR hace referencia a discusión del resultado

A continuación, un ejemplo:

Ej. Conclusiones

> Según el objetivo general (mencionar el objetivo), y los resultados mostrados en la figura 23, muestran que (describir el resultado con respecto al objetivo) …
>
> El resultado que se muestra en la tabla 12, al ser comparados con los estudios realizados (mencionar: autor, año, título y conclusiones), se puede ver claramente que… (discutir aspectos positivos y negativos).
>
> Por otro lado, (autor, año y teoría) (describir y

10.2. Propuesta

La propuesta se presenta en una tesis de posgrado, vale decir, de maestría y doctorado, en el caso de la tesis de pregrado, sólo hasta los resultados, seguido por las conclusiones y recomendaciones.

La propuesta es un documento donde se muestra la solución del problema científico (problema identificado); la propuesta surge a partir de los resultados del trabajo de campo y la discusión.

La propuesta de una tesis puede ser:

- ✓ Un programa

- ✓ Proyecto

- ✓ Estrategia

- ✓ Modelo teórico/metodológico

- ✓ Otro, dependiendo de la naturaleza del estudio

La propuesta tiene la siguiente estructura:

Ej. Conclusiones

---

1. Propuesta

   1.1 Fundamentos teóricos

   1.2 Valoración y discusión del aporte social, político, económico, cultural, educativo, científico (según el caso)

   1.3 Presentación de la propuesta

      1.3.1 Objetivo

      1.3.2 Contenido de la propuesta

      1.3.3 Organización y planificación

      1.3.4 Orientaciones metodológicas para su aplicación, seguimiento y evaluación

2. Validación de la propuesta mediante el método Delphi u otro.

Esta es la estructura básica, pudiendo variar de acuerdo al contexto, la propuesta o las exigencias institucionales.

10.3. Conclusiones

Son constructos teóricos los cuales exponen aquellos datos confirmatorios o limitaciones finales de la investigación realizada, es decir, son las ideas de cierre de la investigación desarrollada a fin de colaborar con el acervo académico.

La conclusión responde al logro de los objetivos, a la respuesta del problema, la aceptación o rechazo de la hipótesis, además, de mencionar los puntos o aspectos más sobresalientes de la investigación.

La conclusión está constituida por los siguientes elementos, pudiendo ser diferente en algunos casos, dependerá de la temática estudiada:

✓ Descripción de su cumplimiento y los resultados principales obtenidos de cada objetivo.

✓ Aceptación o rechazo de la hipótesis (si el trabajo lleva hipótesis), en el caso de la investigación de enfoque cualitativo, tiene que ver con el cumplimiento o la respuesta al problema.

✓ Puntos más sobresalientes o aportaciones de la investigación.

Ej. Conclusiones

En esta investigación se ha comprobado que existe relación directa entre las dificultades de aprendizaje y el rendimiento académico en los estudiantes del Colegio Juan Capriles, porque… *(objetivo general)*

En relación al primer objetivo específico… *(objetivo específico)*

Por lo expuesto, se ha comprobado la hipótesis planteado para la investigación, tomando en cuenta que el rendimiento académico… *(hipótesis)*

Con respecto a las dificultades de aprendizaje existe información e investigación en el contexto internacional y no así en nuestro medio, por lo que, en este trabajo se ha… el mismo permitirá… *(aportaciones)*

Todos los ejemplos presentados en este texto, son referenciales y básicos, por lo que, en una tesis debe estar desarrollada de forma amplia.

10.4. Recomendaciones

En este apartado es donde el investigador condensa aquellas sugerencias que se originaron durante el proceso de realización de la investigación y que no se incluyeron como parte del texto final.

Las sugerencias tienen que ver con diversos aspectos relacionados o no con la temática investigada, el mismo será como elemento orientador para futuras investigaciones relacionadas con la temática.

Se sugiere tomar en cuenta los siguientes elementos:

✓ Metodológica

✓ Académica

✓ Práctica.

Estos elementos sólo son referenciales, pudiendo de forma libre tomar otros elementos para presentar las recomendaciones. Además, no hay una cantidad mínima ni máxima para presentar las recomendaciones.

Ej. Recomendaciones

Considerando la importancia que tiene esta investigación y en función a los resultados obtenidos, se presentan las siguientes recomendaciones:

✓ Adecuar la metodología...

✓ Planificar y ejecutar el programa de enseñanza-aprendizaje...

✓ Desarrollar proyectos educativos que...

10.5. Introducción

La introducción consiste en hacer un planteamiento claro y ordenado del tema de la investigación, de su importancia de sus implicaciones, así como de la manera en que se ha creído conveniente abordar el estudio.

La introducción es el primer apartado de la tesis, sin embargo, se recomienda elaborar este apartado una vez concluida todo el trabajo, tomando en cuenta que, este apartado incluye aspectos que sólo tendremos cuando se concluya la investigación.

Existen varias formas o metodologías para realizar la introducción, sin embargo, la forma más fácil de realizar incluye los siguientes elementos:

✓ ¿Cuál es el tema?

✓ ¿Por qué se ha escogido el tema?

✓ ¿Cuál es la metodología empleada?

✓ ¿Cómo se presenta el desarrollo del trabajo?

Tomando en cuenta los elementos señalados, podemos indicar que, la introducción se debe empezar dejando muy claro el tema; posteriormente, se debe detallar las motivaciones personales, académicas, sociales, políticas o económicas, por las cuáles se decide investigar; también se debe incluir un breve adelanto acerca de la metodología utilizada en el trabajo; finalmente, una breve descripción del contenido de cada uno de los capítulos de la tesis.

Ej. Introducción

En la presente investigación se aborda los impactos ambientales generados por la actividad turística en el Camino Precolombino de Choro... *(tema)*

La investigación de esta problemática se realiza por el interés de conocer los impactos positivos y negativos de la actividad turística... además, de conocer las posibles consecuencias... *(motivaciones)*

El presente trabajo se aborda desde el enfoque mixto, ... la recolección de la información primaria, se utilizó la técnica de las entrevistas, el mismo se ha aplicado... teniendo en cuenta la muestra probabilística de... participantes. Por otro lado, ... *(metodología)*

La tesis está estructurada en cinco capítulos, cada uno de ellos presenta... En el capítulo I se ha realiza el planteamiento del problema, además de formular los objetivos de la investigación, la hipótesis... *(estructura)*

CUARTA PARTE

REFERENCIAS DE UNA TESIS

UNIDAD 11: REFERENCIAS

11.1. Referencias

Es el último apartado de la tesis (la parte final o cierre). En este apartado se incluye las referencias (bibliografía) y los anexos:

✓ Referencia bibliográfica (bibliografía)

✓ Anexos

11.2. Referencias bibliográficas

Referencias bibliográficas es el enlistado de todas las fuentes citados en la tesis, mientras que, bibliografía es el enlistado de todas las fuentes citadas y consultadas.

El formato de presentación y el orden, deben estar estructura do de acuerdo al estilo de redacción de la tesis (ver sección 3.6.). En este texto presentaremos las referencias según el estilo APA 7ma edición.

Los elementos de una referencia bibliográfica son los siguientes:

✓ Autor (apellido e inicial del nombre)

✓ Fecha de publicación (año o fecha completa)

✓ Título de la fuente

✓ Fuente (editorial, DOI, URL u otro)

Dependiendo del tipo de fuente (libro, artículo, página web, etc.), puede tener alguna variante o excepción. A continuación, algunos ejemplos de referencia bibliográfica:

Ej. Libro físico con un autor

> Pairumani, R. (2019). *Manual de citas y referencias bibliográficas.* CAIEM.

Ej. Referencia con URL completo

> Cebrián, F. (2008). *Turismo y Desarrollo Rural.* https://play.google.com/books/reader?id=_Nj EMwc1i_AC&hl=es&printsec=frontcover&pg= GBS.PP7

Ej. Referencia con URL acortado

> Cebrián, F. (2008). *Turismo y Desarrollo Rural.* https://bit.ly/2zNjlzV

Ej. Referencia de revista físico

> Fernandez, M. (2016, 21 de agosto). Ajayus Alteños. *Escape: Revista Dominical de La Razón, 797 (1)*, 14-18.

Ej. Artículo de periódico, formato físico

> Padilla, M. (19 de agosto de 2018). La mujer se abre paso al 'hub' de la tecnología. *La Razón, pág. b6.*

Ej. Referencia de Wikipedia

Turismo Rural. (s.f.). En Wikipedia. https://es.wikipedia.org/wiki/Turismo_rural

Ej. Tesis doctoral inédito

Friss, I. (2003). *Modelo para la Creación de Entornos de Aprendizaje basados en técnicas de Gestión del conocimiento* [tesis doctoral inédita]. Universidad Politécnica de Madrid.

Ej. Referencia de videos de YouTube u otros

Zilva, E. (15 de marzo de 2017). *Walt El Soñador* [Video]. YouTube. https://www.youtube.com/watch?v=U_TEa uz9hXE&t=1s

Los ejemplos presentados corresponden al Estilo APA, y este tiene el siguiente formato (tal como se observa en los ejemplos):

✓ Formato de sangría francesa (sangría a partir del segundo reglón)

✓ El titulo (si es principal) debe estar en cursiva

✓ El enlistado debe estar en orden alfabético A – Z

Otro aspecto a considerar, en muchos trabajos se divide la lista de referencias en: *webgrafía, trabajos consultados en línea, etc.* todo eso no existe en el estilo APA, todas las fuentes citadas entran en la misma lista, estas pueden ser: libros físicos, libros digitales, revistas físicas, revistas digitales, páginas web, redes sociales, videos, videos en línea, blogs, tesis, conferencias, etc.

11.3.　Anexos

En este apartado se incluye información adicional que permite complementar y ampliar la investigación. Este apartado no es obligatorio, por lo que, sólo se debe incluir en caso de que sea necesario.

En este apartado se incluye todo el material complementario que se ha generado en el proceso de la investigación, es decir, es creación propia del autor, caso contrario sería apéndice[5].

En una tesis se recomienda que se puedan incluir los instrumentos de investigación, la tabulación de los datos, infografías, mapas, imágenes u otros, todo aquel que ayude a complementar y ampliar la investigación que se esté presentando.

No existe una cantidad mínima ni máxima, pero se recomienda incluir sólo lo necesario y que, ayude o complemente la investigación. En el caso de que los anexos sean un número considerable, se recomienda realizar un índice de anexos, de tal forma que se pueda facilitar su hallazgo al lector.

---

[5] Apéndice: Copia textual de otras fuentes.

Los anexos deben estar enumerados de forma correlativa, debe estar la descripción del anexo (título), además, en el cuerpo de la tesis se debe invitar para que los lectores revisen este apartado.

A continuación, algunos ejemplos de anexos:

Ej. Invitación en el cuerpo de la tesis

El agroturismo, el turismo ecológico y el turismo enológico son algunas de las modalidades que, de acuerdo a sus características, pueden incluirse dentro del turismo rural (Ver anexo 1).

Ej. Anexo de mapa

Anexo 1: Mapa de ubicación

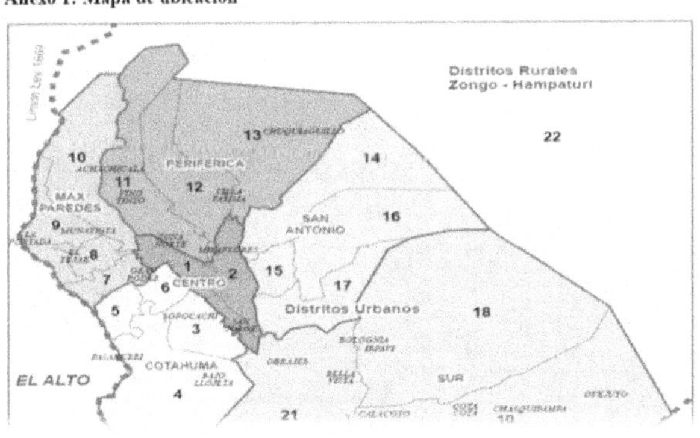

Ej. Anexo de instrumentos de recolección de datos

Anexo 2: Cuestionario turistas extranjeros y nacionales

DEMANDA EXTERNA E INTERNA

Por favor, dedique 10 minutos de su tiempo para completar este cuestionario, sus respuestas serán tratadas de forma confidencial y servirán para elaborar un proyecto acerca de estrategias de marketing para el atractivo turístico Valle de la Luna.

Encuestador:	Código de encuesta: 1 - 0
Lugar:	Fecha:
PERFIL GENERAL			

1. Edad	2. Sexo 2.1. Femenino ① 2.2. Masculino ②	3. Estado civil 3.1. Soltero ① 3.2. Casado ② 3.3. Otro ③	4. Nacionalidad
5. Lugar de Residencia	6. Ocupación 5.1 Funcionario público 5.2 Funcionario Privado 5.3 Negocio propio-empresario 5.4 Trabajador independiente 5.5 Estudiante 5.6 [illegible]	7. ¿De qué manera organizó su viaje? 7.1. Independiente ① 7.2. Agencia de viaje ② 7.3. Otro (especificar) ③	8. ¿Por qué medio de transporte llegó a La Paz? 8.1. Área ① 8.2. Terrestre ②

Recuerda: Los anexos son para ampliar y complementar la investigación, por lo que, sólo se debe incluir lo necesario.

REFERENCIAS BIBLIOGRÁFICAS

Álvarez, J. L. (2009). *Cómo hacer investigación cualitativa: fundamentos y metodología*. Paidós.

Arias, F. G. (2006). *Mitos y errores en la elaboración de tesis y proyectos de investigación, (3ra ed.)*. Episteme.

Barragán, R. (. (2011). *Guía para la formulación y ejecución de proyectos de investigación (4ta ed.)*. Plural Editores.

Bautista, M. E. (2009). *Manual de metodología de la investigación (3ra ed.)*. Talitip.

Canahuiri, A. E., Endara, F., & Morante, E. A. (2015). *¿Cómo hacer una tesis universitaria? una guía para investigadores*. Colorgraf.

Cortés, J., & Álvarez, S. (2017). *Manual de redacción de tesis jurídicas*. Amate.

Cubo, L., Puiatti, H., & Lacon, N. (2011). *Escribir una tesis: manual de estrategias de producción*. Comunicarte.

Dei, D. (s.f.). *La tesis: cómo orientarse en su elaboración (3ra ed.)*. Prometeo Libros.

Eco, U. (2001). *Cómo se hace una tesis: Técnicas y procedimientos de estudio, investigación y escritura*. Gedisa.

Gallud, E. (2015). *Manual práctico para escribir una tesis*. Verbum.

Gómez, M. Á., Deslauriers, J. P., & Alzate, M. V. (2010). *Cómo hacer tesis de maestría y doctorado: investigación, escritura y publicación*. Ecoe Ediciones.

Goode, W. J. (1996). *Métodos de investigación social (2da ed.)*. McGraw-Hill.

Hernándes, R., Fernández, C., & Baptista, P. (2010). *Metodología de la investigación (5ta ed.)*. McGraw-Hill.

Hernández, R., & Mendoza, C. P. (2018). *Metodología de la investigación: las rutas cuantitativa, cualitativa y mixta*. McGraw-Hill Edutation.

Mamani, D. (2015). *Guía metodológica para la elaboración de tesis de grado en ciencias sociales*. Artes Gráficas Vargas.

Mora, D., Paredes, J., & Sarzuri, M. (2013). *El estado del arte: teoría y metodología*. Instituto Internacional de Integración.

Muñoz, C. (2011). *Cómo elaborar y asesorar una investigación de tesis (2da ed.)*. Pearson Educación.

Ñaupas, H., Mejía, E., Novoa, E., & Villagómez, A. (2014). *Metodología de la investigación: cuantitativa - cualitativa y redacción de tesis (4ta ed.)*. Ediciones de la U.

Pairumani, R. (2020). *APA: citas y referencias según 7ma edición*. Edite Publicaciones.

Rivas, L. A. (2017). *Elaboración de tesis: estructura y metodología*. Trillas.

Sabino, C. (1994). *Como hacer una tesis*. Panapo.

Salgado, C. (2018). *Manual de Investigación: Teoría y práctica para hacer la tesis según la metodología cuantitativa.* Fondo Editorial de la Universidad Marcelino Champagnat.

Schmelkes, C., & Elizondo, N. (2010). *Manual para la presentación de anteproyectos e informes de investigación (tesis) (3ra ed.).* Oxford University Press.

Valderrama, S. (2018). *Pasos para elaborar proyectos de investigación científica.* San Marcos.

Zorrilla, S., & Torres, M. (2015). *Guía para elaborar la tesis (2da ed.).* McGraw-Hill.